本书的出版得到北京教委面上项目（18190115/004）的资助

出版上市公司
绩效评价研究

吴仁群◎著

知识产权出版社
全国百佳图书出版单位

图书在版编目（CIP）数据

出版上市公司绩效评价研究/吴仁群著. —北京：知识产权出版社，2018. 11
ISBN 978-7-5130-3031-1

Ⅰ. ①出… Ⅱ. ①吴… Ⅲ. ①出版工作—上市公司—经济绩效—研究—中国
Ⅳ. ①G239. 22

中国版本图书馆 CIP 数据核字（2018）第 248215 号

内容提要

本书主要探讨了常用决策方法及其在出版传媒公司评价中的应用，主要讲述了确定型决策、不确定型决策和风险型决策中常用的方法，有财务报表分析方法，实物期权方法，数据包络法 DEA，以及主成分分析法、层次分析法、模糊综合评价法等。

本书可供高等学校学生学习参考，也可供广大实务工作者借鉴。

责任编辑：张水华　　　　**责任印制**：孙婷婷

出版上市公司绩效评价研究

吴仁群　著

出版发行：	知识产权出版社有限责任公司	**网　　址**：	http：//www. ipph. cn
社　　址：	北京市海淀区气象路 50 号院	**邮　　编**：	100081
责编电话：	010-82000860 转 8389	**责编邮箱**：	46816202@qq. com
发行电话：	010-82000860 转 8101/8102	**发行传真**：	010-82000893/82005070/82000270
印　　刷：	北京虎彩文化传播有限公司	**经　　销**：	各大网上书店、新华书店及相关专业书店
开　　本：	720mm×1000mm　1/16	**印　　张**：	12
版　　次：	2018 年 11 月第 1 版	**印　　次**：	2018 年 11 月第 1 次印刷
字　　数：	150 千字	**定　　价**：	48. 00 元

ISBN 978-7-5130-3031-1

目　录

第1章　传统决策方法

本章主要探讨了确定型决策、不确定型决策和风险型决策及其应用，并对确定型决策中常用方法的优缺点做了简单评述。

1.1　确定型决策的一般方法

投资方案评价时使用的指标分为贴现指标和非贴现指标。贴现指标是指考虑了时间价值因素的指标，主要包括净现值、现值指数、内含报酬率等。非贴现指标是指没有考虑时间价值因素的指标，主要包括回收期、会计收益期等。相应地将投资决策方法分为贴现的方法和非贴现的方法。

1.1.1　贴现的分析评价方法

贴现的分析评价方法，是指考虑货币时间价值的分析评价方法。主要有净现值法、现值指数法和内含报酬率法。

1. 净现值法

这种方法使用净现值作为评价方案优劣的指标。所谓净现值（Net Present Value，NPV），是指特定方案未来现金流入的现值与未来现金流出的现值之间的差额，一般用 NPV 表示。计算净现值的公式为：

$$NPV = \sum_{t=1}^{n} \frac{I_t}{(1+K)^t} - \sum_{t=1}^{n} \frac{O_t}{(1+K)^t}$$

式中：n——投资涉及的年限；

I_t——第 t 年的现金流入量；

O_t——第 t 年的现金流出量；

K——预定的贴现率。

若净现值为正数，说明贴现后现金流入大于贴现后现金流出，该投资项目的报酬率大于预定的贴现率，项目是可行的；若净现值为负数，说明贴现后现金流入小于贴现后现金流出，该投资项目的报酬率小于预定的贴现率，项目是不可行的。

2. 现值指数法

这种方法使用现值指数作为评价方案的指标。所谓现值指数（Profitability Index，PI），是未来现金流入现值与现金流出现值的比率，亦称现值比率、获利指数、贴现后收益－成本比率等。其计算公式为：

$$PI = \sum_{t=1}^{n} \frac{I_t}{(1+k)^t} \Big/ \sum_{t=1}^{n} \frac{O_t}{(1+k)^t}$$

式中：n——投资涉及的年限；

I_t——第 t 年的现金流入量；

O_t——第 t 年的现金流出量；

k——预定的贴现率。

若现值指数大于 1，说明贴现后现金流入大于贴现后现金流出，该投资项目的报酬率大于预定的贴现率，项目是可行的；若现值指数小于1，说明贴现后现金流入小于贴现后现金流出，该投资项目的报酬率小于预定的贴现率，项目是不可行的。

3. 内含报酬率法

内含报酬率法是根据方案本身内含报酬率来评价方案优劣的一种方法。所谓内含报酬率（Internal Rate of Return，IRR）是指能够使未来现金流入量现值等于未来现金流出量的贴现率，或者说是使方案净现值为零的贴现率，又称为内部收益率。

$$NPV = \sum_{t=1}^{n} \frac{I_t}{(1 + IRR)^t} - \sum_{t=1}^{n} \frac{O_t}{(1 + IRR)^t} = 0$$

式中：n——投资涉及的年限；

I_t——第 t 年的现金流入量；

O_t——第 t 年的现金流出量；

IRR——内含报酬率。

若内含报酬率大于企业所要求的最低报酬率（即净现值中所使用的贴现率），就接受该投资项目；若内含报酬率小于企业所要求的最低报酬率，就放弃该项目。实际上内含报酬率大于贴现率时接受一个项目，也就是接受了一个净现值为正的项目。

净现值法和现值指数法虽然考虑了货币时间价值，可以说明方案高于或低于某一特定的标准，但没有揭示方案本身可以达到的真实的报酬率是多少。内含报酬率法是根据方案的现金流量计算出的，是方案本身的真实投资报酬率。

内含报酬率法的计算，通常需要使用“逐步测试法”，计算比较烦琐。不过在Excel中提供了计算内含报酬率法的函数，使计算变得很简单。

1.1.2 非贴现的分析评价方法

非贴现的方法不考虑时间价值，把不同时间的货币收支看成是等效的。这些方法在投资项目评价时起到了辅助作用。主要有回收期法和会计收益率法。

1. 回收期法

回收期是投资引起的现金流入累计到与投资额相等所需要的时间。它代表收回投资所需要的年限。回收年限越短，方案越有利。

在原始投资一次性支出，每年现金净流量相等时，回收期的计算公式为：

回收期 = 原始投资额 ÷ 每年现金净流量

如果每年现金净流量不相等，或原始投资是几年投入的，则可使下式成立的 n 为回收期。

$$\sum_{t=1}^{n} I_t = \sum_{t=1}^{n} O_t$$

式中：n——投资涉及的年限；

I_t——第 t 年的现金流入量；

O_t——第 t 年的现金流出量。

2. 会计收益率法

会计收益率是年平均净收益与原始投资额的比率。年平均净收益和原始投资额可以从财务会计报表得到。

会计收益率 = 年平均净收益 ÷ 原始投资额

1.1.3 *NPV*、*IRR*、*PI* 分析方法的比较和选择

在评估独立项目时，使用 *NPV*、*IRR* 和 *PI* 三种方法得出的结论是一致的；而评估互斥项目时，使用这三种方法可能会得出不同的结论。以下详细分析和比较三种评价标准的联系和区别。

1. 净现值与内部收益率评价标准的比较

（1）*NPV* 和 *IRR* 评价结果一致的情形。如果投资项目的现金流量为传统型，即在投资有效期内只改变一次符号，而且先有现金流出，后有现金流入，投资者只对某一投资项目是否可行单独做判断时，按净现值和按内部收益率标准衡量投资项目的结论是一致的。在这种情况下，*NPV* 是贴现率（资本成本）的单调递减函数，即随着贴现率 *K* 的增大，*NPV* 单调递减，如图 1－1 所示。图 1－1 称为净现值特征线，它反映了净现值与贴现率之间的关系。

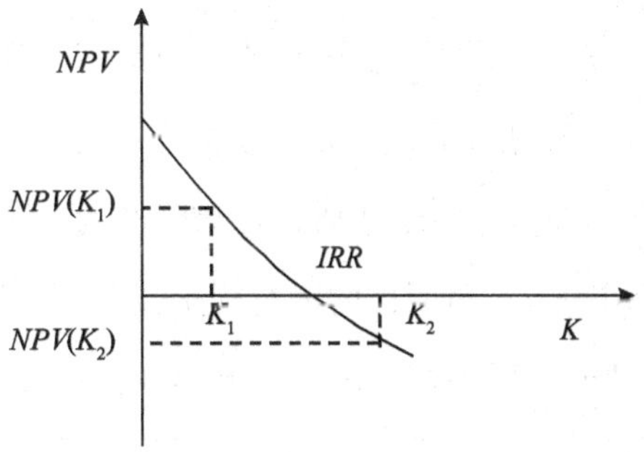

图 1－1 现金流量变动符号一次的净现值特征线示意图

图 1－1 中，*NPV* 曲线与横轴的交点是内含报酬率 *IRR*。显然，在 *IRR* 点左边的 *NPV* 均为正数，而在 *IRR* 点右边的 *NPV* 均为负数。也就是说，如果 *NPV* 大于零，*IRR* 必然大于贴现率 *K*；反之，如果

*NPV*小于零，*IRR*必然小于贴现率*K*。因此，使用这两种判断标准，其结论是一致的。

（2）*NPV*和*IRR*评价结果不一致的情形。在评估互斥项目排序时，使用净现值和内部收益率指标进行项目排序，有时会出现排序矛盾。产生这种现象的原因有两个：一是项目的投资规模不同；二是项目现金流量发生的时间不一致。以下将举例说明这种现象。

情形1：项目投资规模不同。假设有两个投资项目A和B，其有关资料见表1－1。

表1－1　两个投资项目A和B的有关资料　　单位：元

项目	NCF_0	NCF_1	NCF_2	NCF_3	NCF_4	*IRR*（%）	*NPV*（12%）	*PI*
A	－27000	10000	10000	10000	10000	18	3473	1.12
B	－56000	20000	20000	20000	20000	16	4746	1.08

上述A和B两个投资项目的内部收益率均大于资本成本（12%），净现值均大于零，如果可能两者都应接受。如果两个项目只能选取一个，按内部收益率标准应选择A项目，按净现值标准应选择B项目，这两种标准的结论是矛盾的。

如果按两种标准排序出现矛盾，可进一步考虑项目A与B的增量现金流量，即B－A，两项目的增量现金流量详见表1－2。

表1－2　两个投资项目A和B的增量现金流量　　单位：元

项目	NCF_0	NCF_1	NCF_2	NCF_3	NCF_4	*IRR*（%）	*NPV*（12%）
B－A	－29000	10000	10000	10000	10000	14	1373

B－A相当于在项目B基础上的追加投资，其*IRR*为14 %，大于资本成本（12%）；其净现值大于零，为1373元。不论按哪种标准，追加投资项目都应接受。因此，在资本无限量的情况下，投资

者在接受项目A后，还应接受项目B－A，即选择项目A＋(B－A)＝B。反之，如果B－A项目的*IRR*小于资本成本，则应放弃B－A项目。在考虑追加项目的情况下，净现值与内部收益率所得结论趋于一致。

因此，用内部收益率标准对不同规模投资进行选择时，如果B－A项目的$IRR>K$，则投资规模较大的项目优于投资规模较小的项目；如果B－A项目的$IRR<K$，则投资规模较小的项目优于投资规模较大的项目。

情形2：项目现金流量发生的时间不一致。当两个投资项目投资额相同，但现金流量发生的时间不一致，也会引起两种评价标准在互斥项目选择上的不一致。

假设有两个投资项目C和D，其有关资料详见表1－3。

表1－3　两个投资项目C和D的有关资料　　单位：元

项目	NCF_0	NCF_1	NCF_2	NCF_3	*IRR*（%）	*NPV*（8%）
C	－10000	8000	4000	1000	20	1631
D	－10000	1000	4500	9700	18	2484

从表1－3可知，根据内含报酬率标准，应选择项目C，而根据净现值标准，应选择项目D。造成这一差异的原因是这两个投资项目现金流量发生的时间不同而导致其时间价值不同。项目C总的现金流量小于项目D，但发生的时间早，当投资贴现率较高时，远期现金流量的现值低，影响小，投资收益主要取决于近期现金流量的高低，这时项目C具有一定的优势。当投资贴现率较低时，远期现金流量的现值增大，这时项目D具有一定的优势。

与上例相同，也可以采用现金流量增量的方法解决这一问题。两项目的增量现金流量详见表1－4。

表1-4 项目C和D的增量现金流量 单位：元

项目	NCF_0	NCF_1	NCF_2	NCF_3	*IRR*（%）	*NPV*（8%）
D-C	0	-7000	500	8700	15	853

从表1-4可知，增量现金流量的*IRR*（15%）大于资本成本8%，净现值为853元，因此应接受D-C项目。同样企业应选择项目D+(D-C)=D，这样可使投资净现值增加904元。

此外，若一个投资项目的现金流量多次改变符号，现金流入和流出是交错型的，即该项目存在多个内部收益率，使用内部收益率指标存在着明显的不足。如图1-2所示，*NPV*曲线与*K*轴的交点有两个内部收益率，即存在两个*IRR*。此时，很难选择用哪一个*IRR*来评价项目。

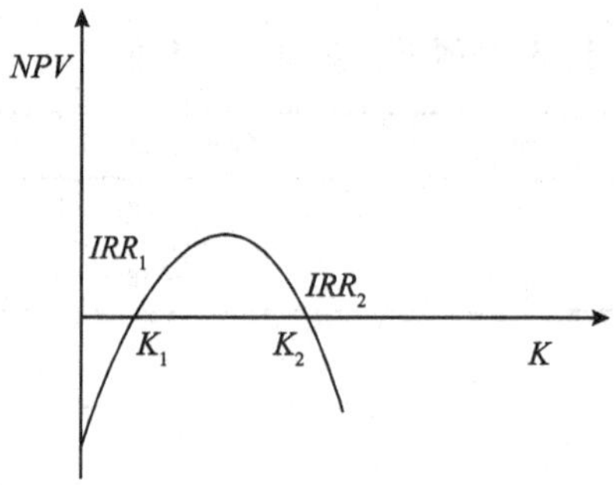

图1-2 现金流量符号改变两次时的净现值特征线示意图

另外还存在没有任何实数利率能满足*NPV*=0的情况，即*IRR*无解，这时就无法找到评价投资项目的标准。相比之下，净现值标准采取已知的、确定的资本成本或所要求的最低报酬率作为贴现率，从而避免了这一问题。

（3）*NPV*与*IRR*排序矛盾的理论分析。*NPV*与*IRR*标准产生矛盾的根本原因是这两种标准隐含的再投资利率不同。*NPV*假设投资

项目在第 t 期流入的现金以资本成本率或投资者要求的收益率进行再投资；*IRR* 假设再投资利率等于项目本身的 *IRR*。无论存在投资规模差异还是现金流量的时间差异，企业都将有数量不等的资金进行不等年限的投资，这一点取决于企业到底选择互斥项目中的哪一个。如果选择初始投资较小的项目，那么在 $t=0$ 时，企业将有更多的资金投资到别的方面。同样，对具有相同规模的投资项目来说，具有较多的早期现金流入量的项目就能提供较多的资金再投资于早期年度。因此，项目的再投资率的设定和选择是非常重要的。

假设对各项目产生的现金流入进行再投资（再投资利率为 K^*），则项目的 *NPV* 为：

$$NPV = \sum_{t=0}^{n}\left[\frac{NCF_t}{(1+K)^t} \times \frac{(1+K^*)^{n-t}}{(1+K)^{n-t}}\right]$$

这个公式和前面所讲的计算 *NPV* 的公式的差别就在于此公式存在 $(1+K^*)^{n-t}/(1+K)^{n-t}$ 这一因子，要使前后两个公式相等，必须使：

$$\frac{(1+K^*)^{n-t}}{(1+K)^{n-t}} = 1$$

这一等式表明在 K 和 K^* 之间有一种内在联系，即 $K=K^*$。换句话说，用前述计算 *NPV* 公式，包含了这样一种假设：用于项目现金流入再投资的利率 K^* 等于企业资本成本或投资者要求的收益率。

同样 *IRR* 的计算假设项目产生的现金流量再投资利率就是项目本身的 *IRR*。

如果 *NPV* 和 *IRR* 两个指标采取共同的再投资利率，则排序矛盾就可以消除。

2. 净现值与现值指数、评价标准的比较

NPV 与 *PI* 评价标准之间的关系可表述为：如果 $NPV>0$，则

$PI>1$；如果 $NPV=0$，则 $PI=1$；如果 $NPV<0$，则 $PI<1$。在一般情况下，采用 NPV 和 PI 评价投资项目，得出的结论常常是一致的，但在投资规模不同的互斥项目的选择中，则有可能得出相反的结论，如前例的 A 和 B 两项目。如果按 PI 标准评价，则项目 A 优于 B；如果按 NPV 标准评价，则项目 B 优于 A。在这种情况下同样可考察现金流量增量的 PI 的方法来进一步分析两个投资项目的可行性。通过计算得到投资现金流量增量 B－A 的 PI 为 1.05，该数值大于 1，应该接受 B－A 项目。因此，选择项目 B＋(B－A)＝B 项目可使企业获得更多的净现值。

1.1.4 投资方案决策分析

1. 独立型方案的决策分析

独立型方案是指一组相互独立、互不排斥的方案。在独立型方案中，选择某一方案并不排斥选择另一方案。独立型方案的决策是指特定投资方案采纳与否的决策，这种决策可以不考虑任何其他方案是否得到采纳和实施。这种投资的收益和成本也不会因为其他方案的采纳和否决而受影响。即方案的取舍只取决于方案本身的经济价值。从财务的角度看，两种独立性投资所引起的现金流量是不相关的。

对于独立型方案的决策分析，可运用净现值、获利指数、内部收益率、投资回收期以及会计收益率等任何一个合理的标准进行分析，决定方案的取舍。只要运用得当，一般能够做出正确的决策。

2. 互斥型方案的决策分析

互斥型方案是指相互关联、互相排斥的方案。在一组方案中，采用某一方案则完全排斥其他方案。互斥型方案的决策分析就是指在两个或两个以上互相排斥的待选方案中选择其中之一的决策分析。

在比较两个或两个以上方案时，选择最优投资方案的基本方法有以下几种：

（1）排列顺序法

在排列顺序法中，全部待选方案可以分别根据它们各自的*NPV*、*PI*或*IRR*按降级排序，然后进行项目挑选，通常选其大者为最优。按照*NPV*、*PI*或*IRR*这三种方法分别选择投资方案时，其排列顺序在一般情况下是一致的，但在某些情况下，运用*NPV*和运用*IRR*或*PI*会得出不同的结论，即出现排序矛盾。在这种情况下，通常应以净现值作为选择标准。

（2）增量收益分析法

对于互斥方案，可运用增量原理进行分析，即根据增量现金流量的净现值、增量现金流量的内部收益率或增量现金流量的获利指数等任何一个标准进行方案比较。其判断标准是：如果增量投资净现值大于零，或增量内部收益率大于最低投资收益率，或增量获利指数大于1，则增量投资在经济上是可行的。这一标准的具体化为：

①对于投资规模不同的互斥方案，如果增量投资净现值大于零，或增量内部收益率大于最低投资收益率，或增量获利指数大于1，则投资额大的方案较优；反之，投资额小的方案较优。

②对于重置型投资方案，通常是站在新设备的角度进行分析，即对使用新设备的现金流量与继续使用旧设备现金流量的差量（增量）进行分析。如果增量投资净现值大于零，或增量内部收益率大于最低投资收益率，或增量获利指数大于1，则应购置新设备；反之，则继续使用旧设备。

(3) 总费用法

总费用法是指通过计算各备选方案中全部现金流出的现值来进行方案比较的一种方法。这种方法适用于现金流入量和项目寿命相同的方案之间的选择。总费用现值较小的方案为最佳。

(4) 年均费用法

年均费用法适用于现金流入量相同但项目寿命不同的方案的选择。这种方法是先计算出项目的总费用现值，然后按照后付年金的方法，在已知年金现值（总费用现值）、贴现期数和贴现率的情况下，求出后付年金，即为年均费用。年均费用较小的方案较好。年均费用法也可以推广到现金流入量不同且项目寿命也不同的方案的选择，此时要计算不同项目的年均净现值。年均净现值较大的方案较好。计算年均净现值时，要先计算出项目的净现值，然后，按照后付年金的方法，在已知年金现值（净现值）、贴现期数和贴现率的情况下，求出后付年金，即为年均净现值。

1.1.5 风险分析

考虑到风险对投资项目的影响，可以按照投资风险的程度适当地调整投资贴现率或投资项目的现金流量，然后再进行评价。

1. 风险调整贴现率法

投资风险分析最常用的方法是风险调整贴现率法 。这种方法的基本思路是对于高风险的项目，采用较高的贴现率去计算净现值，然后根据净现值法的规则来选择方案。问题的关键是如何根据风险的大小来确定包括了风险的贴现率，即风险调整贴现率。确定一个含有风险的贴现率有若干不同的方法，如用资本成本定价模型、综合资本成本以及项目本身的风险来估计贴现率等。下面说明运用第三种方法确定含有风险贴现率的过程，其计算公式为：

$$k = r + bQ$$

式中：k——风险调整贴现率；

r——无风险贴现率；

b——风险报酬斜率；

Q——风险程度。

从上式可知，在 r 已知时，为了确定 k，需要先确定 Q 和 b。

下面将通过一个例子来说明怎样计算风险程度 Q 和风险报酬斜率 b，以及根据风险调整贴现率来选择方案。

【实例 1－1】 某公司的最低报酬率（r）为 6%，现有 3 个投资机会，有关资料详见表 1－5。

表 1－5　某公司的三种投资机会的有关数据

年份 t	A 方案		B 方案		C 方案	
	CAFT	概率	CAFT	概率	CAFT	概率
0	－5000	1	－2000	1	－2000	1
1	3000 2000 1000	0. 25 0. 50 0. 25				
2	4000 3000 2000	0. 20 0. 60 0. 20				
3	2500 2000 1500	0. 30 0. 40 0. 30	1500 4000 6500	0. 20 0. 60 0. 20	3000 4000 5000	0. 1 0. 8 0. 1

注：CFAT 指"税后现金流量"。

表 1－5 的资料表明，A、B、C 三个方案的现金流量都带有不

确定性，即风险。这种不确定性可以用标准离差率来反映。该决策的过程是：首先计算衡量风险的指标，即标准离差率（变化系数）；其次确定风险报酬斜率；再次计算含有风险的贴现率；最后求出净现值。

（1）计算风险程度。首先计算 A 方案的风险程度和风险报酬斜率。计算过程为：

①计算各年现金流入量的期望值。

记$\overline{E_i}$（$i=1, 2, 3$）表示第 i 年现金流入量的期望值，E_{ij}表示第 i 年第 j 种状态下的现金流入量，相应的概率为 p_{ij}，则

$$\overline{E_i} = \sum_{j=1}^{n} E_{ij} p_{ij}$$

式中：i——年份；

j——状态；

n——状态总数。

可得计算结果为：

$$\overline{E_1} = 2000$$

$$\overline{E_2} = 3000$$

$$\overline{E_3} = 2000$$

② 计算各年现金流入量的标准差。计算标准差的公式为：

$$d_i = \sqrt{\sum_{j=1}^{n} [(E_{ij} - \overline{E_i}) p_{ij}]}$$

式中：d_i（$i=1, 2, 3$）——第 i 年现金流入量的标准差。

可得计算结果为：

$$d_1 = 707.10$$

$$d_2 = 632.50$$

$$d_3 = 387.30$$

③ 计算年现金流入量的综合标准差。年现金流入量的综合标准差 D 的计算公式如下：

$$D = \sqrt{\sum_{i=1}^{m} \frac{d_i^2}{(1+r)^{2i}}}$$

式中：i——年份；

d_i——第 i 年现金流入量的标准差；

r——无风险贴现率；

m——年份总数。

可得计算结果为：

$$D = 931.40$$

④ 计算标准离差率（变化系数）。

标准差可以反映现金流量不确定性的大小，但是标准差是一个绝对值，其值受各种可能值的数值（现金流入量金额）大小的影响。如果各种可能值之间的比值及其概率分布相同，那么该数值越大，标准差也越大，因此，标准差不便于比较不同规模项目的风险大小。为了解决这个问题，引入了变化系数的概念。变化系数是标准差与期望值的比值，其计算公式为：

$$q = \frac{d}{E}$$

式中：q——变化系数；

d——标准差；

$\overline{E}$——期望值。

这样，为了综合反应各年的风险，对具有一系列现金流入的方案就用综合变化系数来描述。综合变化系数是综合标准差与现金流入预期现值的比值，其计算公式为：

$$Q = \frac{D}{EPV}$$

式中：Q——综合变化系数；

D——综合标准差；

EPV——现金流入预期现值。

而EPV可按下式计算：

$$EPV = \sum_{i=1}^{m} \frac{\overline{E_i}}{(1+r)^i}$$

式中：i——年份；

$\overline{E_i}$——第 i 年现金流入量的期望值；

r——无风险贴现率；

m——年份总数。

本例的现金流入预期现值$\overline{EPV}$为：

$$\overline{EPV_A} = 6236$$

$$D_A = 931.40$$

A 方案的综合变化系数为：

$$Q_A = 941.40 \div 6236 = 0.15$$

（2）确定风险报酬斜率

风险报酬斜率是直线方程 $k = r + bQ$ 的系数，它的高低反映风险程度变化对风险调整贴现率影响的大小。b 值是经验数据，可根据历史数据用高低点法或直线回归法求出。

假设中等风险程度的项目系数为 0.5，通常要求的含有风险的最低报酬率为 11%，无风险报酬率为 6%，则风险报酬斜率为：

$$b = (11\% - 6\%) \div 0.5 = 0.1$$

（3）计算含有风险的贴现率

在已知无风险收益率、风险报酬斜率和代表项目风险程度的综合变化系数的情况下，根据公式 $k=r+bQ$ 可以计算出含有风险的贴现率。即 A 方案的风险调整贴现率为：

$$k_A = 6\% + 0.1 \times 0.15 = 7.5\%$$

（4）计算项目的净现值

根据确定的风险调整贴现率计算项目的净现值$\overline{NPV}$的计算公式为：

$$\overline{NPV} = \sum_{i=1}^{m} \frac{\overline{E_i}}{(1+k)^i}$$

式中：i——年份；

$\overline{E_i}$——第 i 年现金流入量的期望值；

k——风险调整贴现率；

m——年份总数。

$$\overline{NPV_A} = 1066$$

根据同样方法可以对方案 B、C 进行分析。

方案 B、C 的现金流量的期望值分别为：

$$E_B = 4000$$

$$E_C = 4000$$

方案 B、C 的现金流量的标准差分别为：

$$D_B = 1581$$

$$D_C = 447$$

方案 B、C 的现金流量的变化系数分别为：

$$Q_B = 1581 \div 4000 = 0.40$$

$$Q_C = 447 \div 4000 = 0.11$$

方案 B、C 含有风险的贴现率分别为：

$$k_B = 6\% + 0.1 \times 0.40 = 10\%$$

$$k_C = 6\% + 0.1 \times 0.11 = 7.1\%$$

方案 B、C 的净现值分别为：

$$\overline{NPV_B} = \frac{4000}{1.100^3} - 2000 = 1005$$

$$\overline{NPV_C} = \frac{4000}{1.071^3} - 2000 = 1256$$

通过比较三个投资方案的净现值，三个方案的优先顺序为：C > A > B。

采用贴现率调整法时，对风险大的项目采用较高的贴现率，对风险小的项目采用较小的贴现率。这种方法简单明了，符合逻辑，在实际运用中较为普遍。但是这种方法把风险报酬与时间价值混在一起，并依次进行现金流量的贴现，不论第 i 年为哪一年，第 $i+1$ 年的复利现值系数总是小于第 i 年的复利现值系数，这意味着风险必然随着时间的推移而被人为地逐年扩大，这样处理常常与实际情况相反。有的投资项目，往往对前几年的现金流量没有把握，而对以后的现金流量却反而较有把握，如果按贴现率调整，则将不能正确地反映项目的风险程度。

用资本资产定价模型来确定含有风险的贴现率，适用于 100% 权益资本的企业。其理论依据是，企业用留存收益追加投资的决策规则是投资项目的预期收益率，应大于风险相当的金融资产的预期收益率。而金融资产的收益率等价于项目的资本成本，可以按资本资产定价模型来确定。若企业用权益资本和债务资本共同进行投资时，应用综合资本成本作为贴现率。综合资本成本是权益资本成本和债务资本成本的加权平均数。

2. 肯定当量法

为了克服风险调整贴现率法的缺点，人们提出了肯定当量法。这种方法的基本思路是先用一个系数把有风险的现金流量调整为无风险的现金流量，然后用无风险的贴现率去计算净现值。其计算公式为：

$$NPV = \sum_{i=0}^{n} \frac{a_i CFAT_i}{(1+r)^i}$$

式中：a_i——第 i 年现金流量的肯定当量系数，取 0～1；

r——无风险的贴现率；

$CFAT_i$——第 i 年税后现金流量。

肯定当量系数是指不确定的 1 元现金流量期望值相当于使投资者满意的肯定的金额的比值，它可以把各年不确定的现金流量换算成确定的现金流量。其计算公式为：

a_i = 确定的现金流量 ÷ 不确定的现金流量期望值

如果仍以变化系数表示现金流量的不确定性，则变化系数与肯定当量系数的经验关系详见表 1－6。

表 1－6　变化系数与肯定当量系数的经验关系

变化系数	肯定当量系数
0.01～0.07	1
0.08～0.15	0.9
0.16～0.23	0.8
0.24～0.32	0.7
0.33～0.42	0.6
0.43～0.54	0.5
0.55～0.70	0.4

根据上述原理和经验关系，则【实例1-1】中A方案的净现值计算如下：

$$q_1 = d_1 \div \overline{E_1} = 701.1 \div 2000 = 0.35$$

$$q_2 = d_2 \div \overline{E_2} = 632.5 \div 3000 = 0.21$$

$$q_3 = d_3 \div \overline{E_3} = 387.3 \div 2000 = 0.19$$

查表1-6得：

$$a_1 = 0.6$$

$$a_2 = 0.8$$

$$a_3 = 0.8$$

计算A方案的净现值：

$$NPV_A = \frac{0.6 \times 2000}{1.06} + \frac{0.8 \times 3000}{1.06^2} + \frac{0.8 \times 2000}{1.06^3} - 5000 = -389$$

用同样方法可知：

$$NPV_B = 15$$

$$NPV_C = 1022$$

计算结果表明，方案的优先次序为：C > B > A，与风险调整率法不同（C > A > B），主要差别是A和B互换了位置。其原因是风险调整法对远期现金流入予以较大的调整，使远期现金流入量大的B方案受到较大的影响。

肯定当量法是通过对现金流量的调整来反映各年投资风险，并将风险因素与时间因素分开讨论，这在理论上是成立的。但是，肯定当量系数 a_i 很难确定，每个人都会有不同的估算值，数值差别很大。因此，该方法在实际中很少应用。

1.2 不确定型决策

不确定型决策方法是指决策者无法确定未来各种自然状态发生

的概率的决策。不确定型决策的主要方法有：等可能性法、保守法、冒险法、乐观系数法和最小最大后悔值法。设某一决策问题有 m 个行动方案 a_1，a_2，…，a_m，n 个自然状态 θ_1，θ_2，…，θ_n，在自然状态 θ_j 下采取行动 a_i 的损益值 $L(a_i,\ \theta_j)$，简记为 L_{ij}。损益表详见表1－7。

表1－7　损益表

方案＼状态	θ_1	θ_2	…	θ_n
a_1	L_{11}	L_{12}	…	L_{1n}
a_2	L_{21}	L_{22}	…	L_{2n}
…	…	…	…	…
a_m	L_{m1}	L_{m2}	…	L_{mn}

1.2.1　等可能性法

等可能性法，也称拉普拉斯决策准则。其基本原理是：假定自然状态中任何一种发生的可能性是相同的，通过比较每个方案的损益平均值来进行方案的选择。在利润最大化目标下，选取平均利润最大的方案；在成本最小化目标下，选择平均成本最小的方案。在不做特别说明的情况下，本章约定决策目标为利润最大化。

记 $E(L_i)$ 为第 i 行动方案的平均利润。

$$E(L_i) = \frac{1}{n}\sum_{j=1}^{n} L_{ij} \qquad i = 1,2,\cdots,m$$

决策规则为：$k = \max\limits_{1\leqslant i\leqslant m} \{E\ (L_i)\}$

以下举例说明。

【实例1－2】某汽车公司需要对生产的轿车品牌进行决策。现有三种备选品牌，分别称为 M_1、M_2 和 M_3，销售单价分别为30万元、20万元和10万元。未来市场对三种品牌轿车的需求有三种可能的自然状况：需求量高 N_1、需求量中 N_2 和需求量低 N_3，详见表1－8。

表1－8　有关数据

品牌 \ 需求量（万辆）		N_1	N_2	N_3
品牌名称	价格（万元）			
M_1	30	110	60	10
M_2	20	160	100	25
M_3	10	240	160	60

【解】

基于表1－8中数据得到损益表，详见表1－9。

表1－9　损益表

品牌 \ 需求量	N_1	N_2	N_3
M_1	3300	1800	300
M_2	3200	2000	500
M_3	2400	1600	600

生产品牌 M_i 的平均利润 $E(M_i) = \frac{1}{n}\sum_{j=1}^{3} N_j P_i \quad i=1, 2, \cdots, m$

$$E(M_1) = 30 \times (110 + 60 + 10)/3 = 1800 \text{（亿元）}$$

$$E(M_2) = 20 \times (160 + 100 + 25)/3 = 1900 \text{（亿元）}$$

$$E(M_3) = 10 \times (240 + 160 + 50)/3 = 1533 \text{（亿元）}$$

由此可见，按照等可能性法，公司应选择生产品牌 M_2。

1.2.2　保守法

保守法，也称瓦尔德决策准则或小中取大准则。其基本原理是：决策者不知道各种自然状态中任一种发生的概率，为了避免最坏的结果，力求风险最小，首先确定每一可选方案在不同自然状态下的最小收益值，然后从这些最小收益值中，选出一个最大值，与该最大值相对应的方案就是决策所选择的方案。

以下仍以【实例1－2】举例说明。

生产品牌 M_i 的最小利润 $\min(L_i)=\min\limits_{1\leqslant j\leqslant 3}\{L_{ij}\}$

$$\min(L_1)=\min\{3300,1800,300\}=300\text{（亿元）}$$

$$\min(L_2)=\min\{3200,2000,500\}=500\text{（亿元）}$$

$$\min(L_3)=\min\{2400,1600,600\}=600\text{（亿元）}$$

由此可见，按照保守法，公司应选择生产品牌 M_3。

1.2.3 冒险法

冒险法，也称赫威斯决策准则或大中取大的准则。其基本原理是：决策者不知道各种自然状态中任一种可能发生的概率，为了获取最大利润，力求收益最大化，首先确定每一可选方案在不同自然状态下的最大利润值，然后在这些最大利润中选出一个最大值，与该最大值相对应的那个可选方案便是决策所选择的方案。由于根据这种准则决策也能有最大亏损的结果，因而称为冒险投机的准则。

以下仍以【实例1－2】举例说明。

生产品牌 M_i 的最大利润 $\max(L_i)=\max\limits_{1\leqslant j\leqslant 3}\{L_{ij}\}$

$$\max(L_1)=\max\{3300,1800,300\}=3300\text{（亿元）}$$

$$\max(L_2)=\max\{3200,2000,500\}=3200\text{（亿元）}$$

$$\max(L_3)=\max\{2400,1600,600\}=2400\text{（亿元）}$$

由此可见，按照冒险法，公司应选择生产品牌 M_1。

1.2.4 乐观系数法

乐观系数法，是对保守法和冒险法的折中，故也称折中决策法。其基本原理是：首先决策者根据以往经验确定一个乐观系数 α（$0<\alpha<1$），然后利用乐观系数计算出各方案的乐观期望值，并选择期望值最大的方案。

第 i 个方案的乐观期望值 CV_i 的计算公式为：

$$CV_i = \alpha\max(L_i) + (1-\alpha)\min(L_i)$$

以下仍以【实例1－2】举例说明。

$\alpha = 0.75$

$CV_1 = 0.75 \times 3300 + 0.25 \times 300 = 2550$（亿元）

$CV_2 = 0.75 \times 3200 + 0.25 \times 500 = 2525$（亿元）

$CV_3 = 0.75 \times 2400 + 0.25 \times 600 = 1950$（亿元）

由此可见，按照乐观系数法，公司应选择生产品牌 M_1。

1.2.5 最小最大后悔值法

最小最大后悔值法，也称沙万奇（Savage）准则。其基本原理是：决策者不知道各种自然状态中任意一种发生的概率，为了确保避免较大的机会损失，首先要将损益表转变为机会损失表，然后确定每一可选方案的最大机会损失；最后，从这些方案的最大机会损失中，选出一个最小值，与该最小值对应的可选方案便是决策选择的方案。

损益表转变为机会损失表的规则是：

$$SV_{ij} = \max_{1\leqslant i\leqslant m}\{L_{ij}\} - L_{ij}$$

式中，SV_{ij} 为在自然状态 θ_j 下采取行动 a_i 的后悔值，L_{ij} 为在自然状态θ_j下采取行动a_i的损益值，m为方案数。

以下仍以【实例 1-2】举例说明。

从损益表（见表 1-9）得到后悔值表，详见表 1-10。

表 1-10　后悔值表

需求量 品牌	N_1	N_2	N_3
M_1	0	200	300
M_2	100	0	100
M_3	900	400	0

生产品牌M_1、M_2和M_3的最大后悔值分别为 300、100 和 900。由此可见，按照最小最大后悔值法，公司应选择生产品牌M_2。

1.3　风险型决策

风险型决策是决策无法确定自然状态的发生，但每种自然状态发生的概率是可估计的决策。主要方法有：决策矩阵法、决策树法和贝叶斯决策法。

1.3.1　决策矩阵法

风险决策问题可以用决策矩阵表来描述，一般形式详见表 1-11。

表 1-11　决策矩阵

状态 方案	θ_1	θ_2	…	θ_n
	p_1	p_2	…	p_n
a_1	L_{11}	L_{12}	…	L_{1n}
a_2	L_{21}	L_{22}	…	L_{2n}
…	…	…	…	…
a_m	L_{m1}	L_{m2}	…	L_{mn}

在表 1－7 中 a_1，a_2，…，a_m 分别表示决策者可能采取的 m 个行动方案，它们彼此相互独立而又能相互代替，所有行动方案构成的集合 $A=\{a_1, a_2, \cdots, a_m\}$ 称为决策空间。θ_1，θ_2，…，θ_n 分别表示各个行动方案可能遇到的客观条件即自然状态。所有可能出现的自然状态集合 $S=\{\theta_1, \theta_2, \cdots, \theta_n\}$ 称为状态空间。对风险决策问题，假定它们是随机变量，其发生的频率分别用 p_1，p_2，…，p_n 表示。由于发生这类事件的可能性是相互排斥的，又是相互独立，故有 $p_1+p_2+\cdots+p_n=1$。L_{ij} 是在自然状态 θ_j 下采取行动 a_i 的损益值 $L(a_i, \theta_j)$。

记 $E(L_i)$ 为第 i 行动方案的期望收益。

$$E(L_i) = \sum_{j=1}^{n} p_j L_{ij} \qquad i = 1,2,\cdots,m$$

决策规则为：$k = \max\limits_{1 \leqslant i \leqslant m} \{E(L_i)\}$

【实例 1－3】 某公司经过市场调查和预测得知，某新产品在今后 5 年中在市场上的销售为畅销、一般、滞销的概率分别 0.3、0.5 和 0.2。为使该新产品投产，该企业有两种可供选择的行动方案：一种方案是投资 16 万元新建一车间，按这种方案，市场畅销、一般和滞销三种情况下的利润情况分别为获利 50 万元、获利 25 万元和亏损 5 万元；另一种方案是投资 3 万元扩建原有车间，在这种方案下，市场畅销、一般和滞销三种情况下的利润情况分别为获利 35 万元、20 万元和 5 万元，则该公司应确定哪一种行动方案较为合适？

【解】 基于以上给出的信息，得到决策矩阵，详见表 1－12。

表 1－12　决策矩阵

市场状态 / 方案	畅销	一般	滞销
	0.3	0.5	0.2
新建一车间	50	25	-5
扩建原有车间	35	20	5

因此，新建一车间的期望利润 L_1 为：

$$E(L_1)=0.3\times 50+0.5\times 25+0.2\times(-5)=26.5$$

扩建原有车间的期望利润 L_2 为：

$$E(L_2)=0.3\times 35+0.5\times 20+0.2\times 5=21.5$$

计算表明，新建车间的期望利润比较大，因此公司选择新建车间方案比较合适。

1.3.2　决策树法

决策树就是用数枝分叉形态表示各种方案的期望值，剪掉期望值小的方案枝，剩下的最后的方案即是最佳方案。决策树由决策节点、方案分枝、方案节点、概率分枝、结果点等要素组成。决策树的结构如图 1－3 所示。

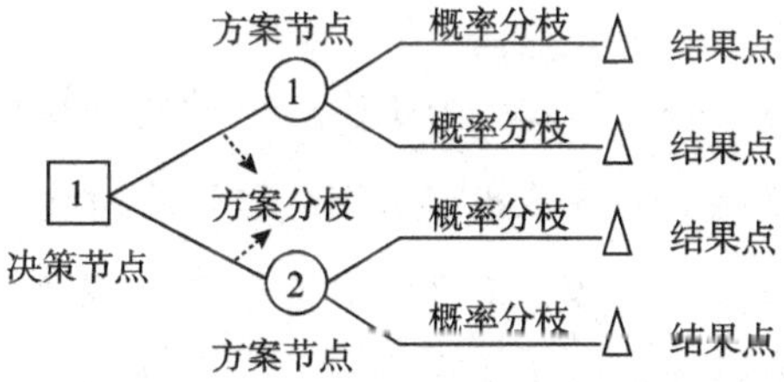

图 1－3　决策树示意图

图 1－3 中的方块“□”代表决策节点，从它引出的分枝叫作方案分枝。每条分枝代表一个方案，分枝数就是可能的方案数。圆圈“○”代表方案的节点，从它引出概率分枝，每条概率分枝上标明了自然状态及其发生的概率。概率分枝数反映了该方案面对的可能的状态数。末端的三角形“△”叫作结果点，注有各方案在相应状态下的结果值。

应用决策树来做决策时，一般包括以下几个过程：

（1）绘制决策树。将给定的具体问题由决策点逐渐展开为方案分枝、状态节点、概率分枝、结果点等。绘制决策树时，应从左到右逐步进行。

（2）计算期望值。期望值的计算是从右向左逐步进行的，即根据右端的损益值和概率分枝的概率，计算出期望值的大小，确定方案的期望结果。

（3）修枝方案。基于不同方案的期望结果，从右到左，依次将期望值较小的方案舍弃，并用符号"≠"标示，此过程可形象地称为修枝，最后的决策点留下一条树枝，即为最优方案。

当所要的决策问题只需进行一次决策就可解决，叫作单阶段决策问题。如果问题比较复杂，需要进行一系列的决策才能解决，就叫作多阶段决策问题，多阶段决策问题采用决策树决策方法比较直观容易。

【实例1－4】某汽车公司为了生产一种新的轿车产品，需要近期上马一条生产线，有3个被选方案：改造现有生产线、引进国外生产线、协作建造生产线。市场预测部门通过调研分析得出，未来市场对三种品牌轿车的需求有三种可能：需求量高、需求量中和需求量低，其发生的概率分别是0.3、0.45和0.25，各种市场需求状况下每一个方案的收益值详见表1－13。试问该企业究竟应该选择哪一种方案？

表1－13　收益表

需求状态 / 方案	需求高 H	需求中 M	需求低 L
	0.3	0.45	0.25
改造现有生产线 A_1	210	95	25
引进国外生产线 A_2	240	120	55
协作建造生产线 A_3	200	105	80

【解】

首先，绘制决策树，如图 1-4 所示。

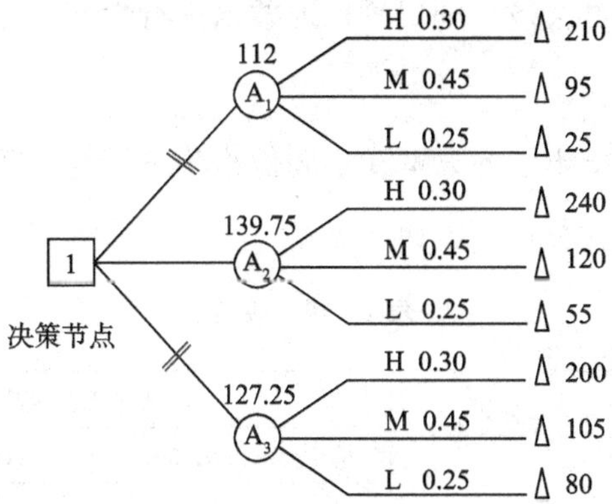

图 1-4　决策树

其次，计算期望值。

$$E(A_1)=0.3\times 210+0.45\times 95+0.25\times 25=112$$

$$E(A_2)=0.3\times 240+0.45\times 120+0.25\times 55=139.75$$

$$E(A_3)=0.3\times 200+0.45\times 105+0.25\times 80=127.25$$

最后，修枝方案。

由于 $E(A_2)>E(A_3)>E(A_1)$，因此，方案 A_1 和 A_3 对应的分枝应修剪掉，即标上"≠"，最后剩下方案 A_2 对应的分枝，因此公司应选择方案 A_2，即引进国外生产线。

【实例 1-5】 某公司由于生产技术较落后，产品成本高，在需求处于中等水平时无利可图，在需求处于低水平时就要亏损，只有在需求处于高水平时才能盈利。据市场预测，该公司产品今后需求低、需求中、需求高的概率分别是 20%、50%、30%。鉴于这种情况，公司管理者有意采取新技术代替原技术。得到新技术的途径有两种：一是自行研制，研制成功的概率是 70%；二是购买新技术，估计购买成功的概率是85%。如果自行研制成功或者购买成功，生产规模都将考虑两种方案：一是产量不变；二是增加产量。如果自行研制或购买都失败，则仍采用原技术进行生产，并保持原生产规模不变。

表1－14给出了各方案在不同价格状态下的收益值。试问，对于这一问题，该公司应该如何决策？

表1－14 收益值

需求状态	按原工艺生产	改进工艺成功			
		购买新技术成功（0.85）		自行研制成功（0.7）	
		产量不变	增加产量	产量不变	增加产量
需求低（0.2）	－80	－180	－270	－180	－270
需求中（0.5）	0	60	60	0	－80
需求高（0.3）	100	150	280	220	500

【解】

（1）根据给出的信息绘制决策树，如图1－5所示。

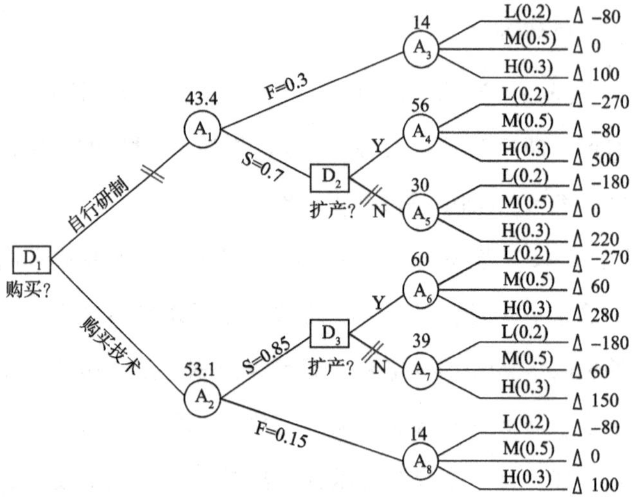

图1－5 决策树

（2）计算期望效益值，并进行修枝：

方案结点 A_4 和 A_5 的期望效益值为：

$$E(A_4) = (-270) \times 0.2 + (-80) \times 0.5 + 500 \times 0.3 = 56 \text{（万元）}$$

$$E(A_5) = (-180) \times 0.2 + 0 \times 0.5 + 220 \times 0.3 = 30 \text{（万元）}$$

因为 $E(A_4) > E(A_5)$，所以指向 A_5 的分枝被修剪掉。

方案结点 A_6 和 A_7 的期望效益值为：

$$E(A_6) = (-270) \times 0.2 + 60 \times 0.5 + 280 \times 0.3 = 60 \text{（万元）}$$

$$E(A_7) = (-180) \times 0.2 + 60 \times 0.5 + 150 \times 0.3 = 39 \text{（万元）}$$

因为 $E(A_6) > E(A_7)$，所以指向 A_7 的分枝被修剪掉。

方案结点 A_3 和 A_8 的期望效益值为：

$$E(A_3) = E(A_8) = (-80) \times 0.2 + 0 \times 0.5 + 100 \times 0.3 = 14 \text{（万元）}$$

方案结点 A_1 和 A_2 的期望效益值为：

$$E(A_1) = 56 \times 0.7 + 14 \times 0.3 = 43.4 \text{（万元）}$$

$$E(A_2) = 60 \times 0.85 + 14 \times 0.15 = 53.1 \text{（万元）}$$

因为 $E(A_2) > E(A_1)$，所以指向 A_1 的分枝被修剪掉。

综合以上期望效益值计算与修枝过程可以得出，该问题的决策方案应该是：首先采用购买新技术的方案进行技术改造，当新技术改造成功后，再采用增加产量的方案进行生产。

1.3.3　贝叶斯决策法

在风险决策问题中，由于自然状态的发生概率大多是根据过去的资料和经验估计的，因此就有一个准确性及可靠性问题，即为了改进决策制定过程有没有必要再做调查或试验，进一步确认各种自然状态的发生概率，从而做出决策。运用概率论中的贝叶斯定理能方便地解决这类问题，这就是贝叶斯决策法。

先验概率：根据过去经验或主观判断而形成的对各自然状态的发生概率的测算值。由此得到的概率分布为先验分布。

后验概率：通过市场调查或试验等措施补充新信息后对各自然状态的发生概率的改进值。由此得到的概率分布为后验分布。

贝叶斯公式给出了先验概率和后验概率之间的关系。

贝叶斯公式：$\Theta = \{\theta_1, \theta_2, \cdots, \theta_n\}$，状态$\theta_i$的先验概率$p(\theta_i)$，获得信息H后所确定的后验概率为$p(\theta_i \mid H)$，则贝叶斯公式为：

$$p(\theta_i \mid H) = \frac{p(H \mid \theta_i)p(\theta_i)}{p(H)}$$

$$p(H) = \sum_{j=1}^{n} p(H \mid \theta_j)p(\theta_j)$$

贝叶斯决策法的基本步骤包括：

（1）验前分析。这个步骤是根据历史数据以及决策者的经验和判断，估计和测算出自然状态的先验分布，然后计算各个可行方案在不同自然状态下的结果值，利用这些信息，按照一定的决策准则，对各个方案进行评价，得出最优方案。

（2）预验分析。这个步骤是权衡补充信息H的成本与新信息可能给企业带来的效益，若效益大于成本，则表明补充信息会给企业增加效益，因此补充是必要的；反之，则是不必要的。

（3）验后分析。这个步骤是在补充信息的基础上，利用贝叶斯公式来改进先验分布，得到更加符合实际的后验分布，然后利用后验分析进行决策分析，最后选择最优方案。

以下举例说明。

【实例1-6】某公司考虑生产一种新型产品。未来市场对该产品的需求有三种可能的自然状况：需求高D_1、需求中D_2和需求低

D_3。根据历史资料和决策者经验得到需求高 D_1、需求中 D_2 和需求低 D_3 的先验概率分别是 0.3、0.5 和 0.2。公司市场部对市场进行预测，得到不同市场需求下的收益，详见表 1-15。

表 1-15　不同市场需求下的收益表

	先验概率	收益值（万元）
需求高 D_1	0.20	15
需求中 D_2	0.50	3
需求低 D_3	0.30	-6

此外，为了做出正确决策，该公司通过试销法进行市场调查，调研费用为 0.5 万元，得到在市场状态下销售状况为好 S_1、中等 S_2 和差 S_3 的条件概率，详见表 1-16。

表 1-16　有关数据

市场状态 / 调研情况	需求高 D_1	需求中 D_2	需求低 D_3
销售好 S_1	0.6	0.2	0.05
销售中 S_2	0.3	0.65	0.25
销售差 S_3	0.1	0.15	0.7

试分析该公司应如何决策？

【解】

（1）先验分析

先验概率为 0.20、0.50 和 0.30

公司期望收益值为：

$$EV = 15 \times 0.2 + 3 \times 0.5 + (-6) \times 0.3 = 2.7 \text{（万元）}$$

（2）预验分析。

首先由全概率公式计算各需求状态调查结果的概率。

$$p(S_i) = \sum_{j=1}^{n} p(S_i \mid D_j)p(D_j)$$

$$p(S_1) = 0.20 \times 0.60 + 0.50 \times 0.20 + 0.30 \times 0.05 = 0.235$$

$$p(S_2) = 0.20 \times 0.30 + 0.50 \times 0.65 + 0.30 \times 0.25 = 0.46$$

$$p(S_3) = 0.20 \times 0.10 + 0.50 \times 0.15 + 0.30 \times 0.7 = 0.305$$

其次，利用贝叶斯公式计算后验概率

$$p(D_i \mid S_j) = \frac{p(S_j \mid D_i)p(D_i)}{p(S_j)}$$

$$p(D_1 \mid S_1) = \frac{p(S_1 \mid D_1)p(D_1)}{p(S_1)} = \frac{0.6 \times 0.2}{0.235} = 0.5106$$

类似求得其他各值，结果详见表 1－17。

表 1－17　后验概率分布

	$p\ (D_1 \mid H_i)$	$p\ (D_2 \mid H_i)$	$p\ (D_3 \mid H_i)$
销售好 S_1	0.5106	0.4255	0.0638
销售中 S_2	0.1304	0.7065	0.1630
销售差 S_3	0.0656	0.2459	0.6885

再次，计算市场调查条件下的期望收益值。

$EV(S_1) = 15 \times 0.5106 + 3 \times 0.4255 + (-6) \times 0.0638 = 8.5527$（万元）

$EV(S_2) = 15 \times 0.1304 + 3 \times 0.7065 + (-6) \times 0.1630 = 3.0975$（万元）

$EV(S_3) = 15 \times 0.0656 + 3 \times 0.2459 + (-6) \times 0.6885 = -2.4093$（万元）

即当市场调查结论为销售好时，生产新产品的期望收益值是 8.5532 万元；结论为“中”时，期望收益值是 3.0978 万元；结论为“差”时，期望收益值是－2.4098 万元，由于收益值小于零，因此，此时不可能投产。这样，在市场调查条件下生产该新产品的期望收益值为：

$$EV(S)=8.5532\times 0.235+3.0978\times 0.46+0\times 0.305$$
$$=3.4350\text{（万元）}$$

因此市场调查可使期望收益值增加0.735万元（=3.4350－2.7），高于市场调查费用0.5万元，由此说明市场调查是有必要的。决策树如图1－6所示。

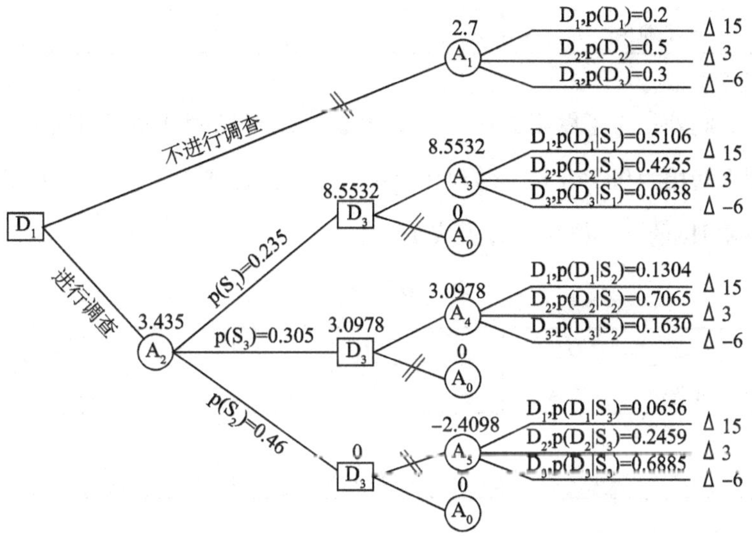

图1－6　决策树

最后，进行决策。基于以上信息，公司应做如下决策：

（1）进行市场调查。

（2）若调查结论表明销售状况为“好”或“中”，则生产该产品；若销售状况为“差”，则不生产该产品。

【实例1－7】某汽车公司需要对某产品的生产批量进行决策。现有两种备选方案：大批量生产L和小批量生产S。未来市场对该产品的需求有两种可能的自然状况：需求高 u 和需求低 d。根据历史资料和决策者经验得到，需求高 u 和需求低 d 的先验概率分别是 0.4 和 0.6。公司市场部对市场进行预测，得到两个方案在不同市场需求下的收益，详见表 1－18。

表 1－18　有关数据

需求状态 / 方案	需求高 u	需求低 d
大批量生产 L	12	－3
小批量生产 S	5	1

此外，为了做出正确决策，该公司通过试销法进行市场调查，调查费用为 0.5 万元，得到在市场状态下销售状况为销售好 H_1 和销售差 H_2 的条件概率，详见表 1－19。

表 1－19　有关数据

需求状态 / 销售情况	需求高 u	需求低 d
销售好 H_1	0.6	0.3
销售差 H_2	0.4	0.7

试分析该公司应如何决策？

【解】

（1）先验分析

$$p(u)=0.4$$

$$p(d)=0.6$$

$$E(L)=12\times0.4+(-3)\times0.6=3$$

$$E(S)=5\times0.4+1\times0.6=2.6$$

由于 $E(L)>E(S)$，因此基于先验分析，公司应该进行大批量生产。

(2) 预验分析。

首先，由全概率公式计算各需求状态调查结果的概率。

$$p(H_i) = \sum_{j=1}^{n} p(H_i \mid D_j)p(D_j)$$

$$p(H_1) = 0.60 \times 0.40 + 0.30 \times 0.60 = 0.42$$

$$p(H_2) = 0.40 \times 0.40 + 0.70 \times 0.60 = 0.58$$

其次，由贝叶斯公式计算后验概率

$$p(D_i \mid H_j) = \frac{p(H_j \mid D_i)p(D_i)}{p(H_j)}$$

$$p(u \mid H_j) = \frac{p(H_1 \mid u)p(u)}{p(H_1)} = \frac{0.6 \times 0.4}{0.42} = 0.5714$$

类似求得其他各值，结果详见表 1－20。

表 1－20 后验概率分布

	需求高 u	需求中 d
销售好 H_1	0.5714	0.4286
销售差 H_2	0.2759	0.7241

再次，计算市场调查条件下的期望收益值。

$EV(L|H_1) = 12 \times 0.5714 + (-3) \times 0.4286 = 5.5714$（万元）

$EV(S|H_1) = 5 \times 0.5714 + 1 \times 0.4286 = 3.2857$（万元）

$EV(L|H_2) = 12 \times 0.2759 + (-3) \times 0.7241 = 1.1379$（万元）

$EV(S|H_2) = 5 \times 0.2759 + 1 \times 0.7241 = 2.1034$（万元）

由于 $EV(L \mid H_1) > EV(S \mid H_1)$，因此当市场调查结论为销售好时，应大规模生产，期望收益值是 5.5714 万元；由于 $EV(L|H_2) < EV(S|H_2)$，因此当市场调查结论为销售差时，应小规模生产，期望收益值是 2.1034 万元。这样，在市场调查条件下生产该新产品的期

望收益值为：

$$EV(S)=5.5714\times0.42+2.1034\times0.58=3.56\text{（万元）}$$

因此市场调查可使期望收益值增加0.56万元（3.56－3），高于市场调查费用0.5万元，说明市场调查是有必要的。决策树如图1－7所示。

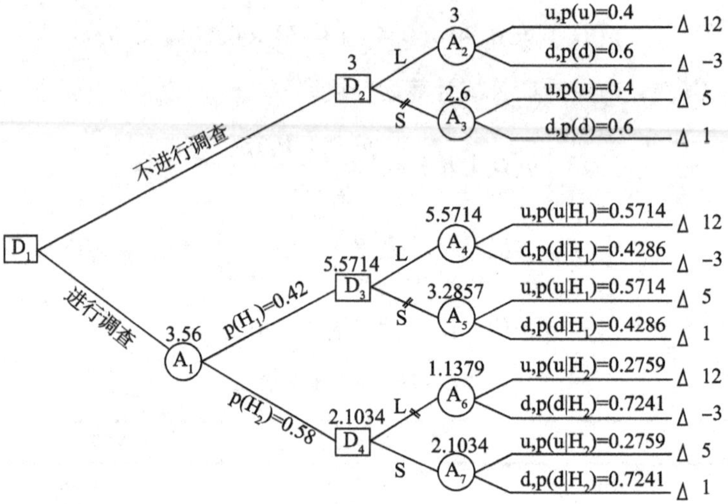

图1－7　决策树

最后，进行决策。基于以上信息公司应做如下决策：

（1）进行市场调查。

（2）若调查结论表明销售状况为“好”，则应大批量生产；若销售状况为“差”，则应进行小批量生产。

1.3.4　灵敏度分析

对于风险型决策问题，其各个方案的期望收益值是在对自然状态发生概率的预测的基础上求得的。由于状态概率的预测会受到许多不可控因素的影响，因而基于状态概率预测结果的期望收益值也不可能同实际完全一致，会产生一定的误差。所以，当使用决策树（含决策矩阵法）求出最优决策后，需要进行灵敏度分析。所谓灵敏度分析就是分析数据在什么范围内变化，原最优决策方案仍然有效。这里主要分析自然状态发生概率的变化对最优决策的影响。

下面举例说明。

【实例 1－8】某汽车公司需要对某品牌桥车的生产批量进行决策。现有两种备选方案：大批量生产 L 和小批量生产 S。未来市场对该品牌轿车的需求有两种可能的自然状况：需求高 u 和需求低 d。详见表 1－21。

表 1－21　有关数据

方案 \ 需求状态	需求高 u	需求低 d
大批量生产 L	4500	1000
小批量生产 S	2400	1600

【解】

假定未来市场对该品牌轿车的需求为高的概率为 p。

首先，计算各种方案的预期收益。

$$E(L) = 4500 \times p + 1000 \times (1 - p) = 1000 + 3500p$$

$$E(S) = 2400 \times p + 1600 \times (1 - p) = 1600 + 800p$$

令 $E(L) = E(S)$

$$1000 + 3500p = 1600 + 800p$$

得到 $p_0 = 0.2222$

因此，当 $p > p_0$ 时，$E(L) > E(S)$，此意味着需求高的概率处于这个范围内时，公司的最优决策为大批量生产；而当 $p < p_0$ 时，$E(L) < E(S)$，此意味着需求高的概率处于这个范围内时，公司的

最优决策为小批量生产。一般称 p_0 为转折概率。

在实际过程中，如果状态概率、收益值等在其可能发生变化的范围内变化时，最优方案不变，则该方案是稳定的；反之，如果这些参数发生较小变化就会导致最优方案发生变化，则这个方案是不稳定的，需要进行进一步分析。

1.3.5 情报的价值

对完全不确定型决策问题，获得了有关情报资料后就易于把问题转化为风险型决策问题。而对于风险型决策问题，获得的情报（信息）越多，对自然状态发生概率的估计就越准确，做出的决策就越合理。但为了获得情报，就要进行调查、试验等工作，这需要支付一定的费用，称为情报的成本。因此，为了权衡得失，有必要估算情报本身的价值，即情报给企业的收益带来的增加值，只有当情报的价值大于情报的成本时，情报的获取才是必要的，反之，则没有必要。

例如在【实例 1 - 6】中，如果不进行市场调查，那么公司预期的收益值为 2.7 万元；如果进行市场调查，那么公司预期的收益值为 3.435 万元。因此，情报给公司的收益带来的增加值为 0.735 万元，即情报的价值为 0.735 万元。在此实例中情报的成本为 0.5 万元，小于情报的价值，因此情报的获取是必要的。

例如在【实例 1 - 7】中，如果不进行市场调查，那么公司预期的收益值为 3 万元；如果进行市场调查，那么公司预期的收益值为 3.56 万元。因此，情报给公司的收益带来的增加值为 0.56 万元，即情报的价值为 0.56 万元。在此实例中情报的成本为 0.5 万元，小于情报的价值，因此情报的获取是必要的。

参考文献

[1] 彭勇行. 管理决策分析 [M]. 北京：科学出版社，2000.

[2] 陈铤. 决策分析 [M]. 北京：科学出版社，1987.

[3] 胡运权. 运筹学教程 [M]. 4 版. 北京：清华大学出版社，2012.

[4] Dixit A, Pindyck RS. Investment under uncertainty [M]. Princeton: Princeton University Press, 1994.

第2章　财务报表分析

本章介绍了财务报表分析方法，并探讨了该方法在出版上市公司绩效评价中的应用。

2.1　财务报表分析概述

财务分析是指以财务报表等会计资料为依据，采用专门方法，系统分析和评价企业的过去和现在的财务状况、经营成果及其变动，目的是了解过去、评价现在、预测未来。财务分析的最基本功能是将大量的财务报表及相关的数据转换为对特定决策有用的信息，减少决策的不确定性。

2.1.1　财务报表分析目标

财务报表的使用者包括投资人、债权人、经理、政府、雇员和工会、中介机构等利益关系人，不同人所关心的问题和侧重点不同，因此进行财务分析的目的也有所不同。但总的来讲主要有以下一些方面。

1. 评价企业的财务状况

通过对企业的财务报表等会计资料进行分析，了解企业资产的流动性、负债水平和偿债能力，从而评价企业的财务状况和经营成果，为企业管理者、投资者和债权人等提供财务信息。

2. 评价企业的资产管理水平

企业的生产经营过程就是利用资产取得收益的过程，资产是企业生产经营活动的经济资源，资产的管理水平直接影响到企业的收益，它体现了企业的整体素质。通过财务分析可以了解到企业资产的管理水平和资金周转情况，为评价企业经营管理水平提供依据。

3. 评价企业的获利能力

通过财务分析，评价企业的获利能力。利润是企业经营的最终成果的体现，是企业生存和发展的根本。因此，不同的利益关系人都十分关心企业的获利能力。

4. 评价企业的发展趋势

通过财务分析，可以判断出企业的发展趋势，预测企业的经营前景，从而避免因决策失误而带来的重大经济损失。

2.1.2 财务报表分析方法

通览财务报表虽然可以得到大量的财务信息，但很难获取各种直接有用的信息，有时甚至还会被会计数据引入歧途，被表面假象所蒙蔽。为了能使报表使用者正确揭示各种会计数据之间存在着的重要关系，为了能全面反映企业财务状况和经营成果，通常采用以下方法进行报表分析：

1. 财务报表纵向分析

纵向分析又称动态分析或趋势分析，是指不同时期财务报表间相同项目变化的比较分析，即将企业连续两年（或多年）的财务报表的相同项目并行排列在一起，并计算相同项目增减的绝对额和增减的百分比，编制出比较财务报表，以揭示各会计项目在这段时期内所发生的绝对金额变化和百分率变化情况。在计算相同项目增减的绝对额和增减的百分比时，基期（被比较的时期）可以是固定（例如基期固定在第一年），也可以是变动的（例如将计算期的第一期作为基期）。若基期是固定的，则称为定基趋势分析；若基期是变动的，则称为环比趋势分析。

2. 财务报表横向分析

横向分析又称静态分析，是指同一时期财务报表中不同项目间的比较和分析，主要是通过编制“共同比财务报表”（或称百分比报表）进行分析。即将财务报表中的某一重要项目（如资产负债表中的资产总额或权益总额，利润表中的销售收入，现金流量表中的现金来源总额等）的数据作为100%，然后将报表中其余项目的金额都以这个重要项目的百分率的形式做纵向排列，从而揭示出各个项目的数据在企业财务中的相对意义。不仅如此，采用这种形式编制的财务报表还使得在规模不同的企业之间进行经营和财务状况比较成为可能。因为把报表中各个项目的绝对金额都转化成百分数，在经营规模不同的企业之间就形成了可比的基础，这就是“共同比”的含义。当然，要在不同企业之间进行比较，其前提条件是这些企业应属于同一行业，它们所采用的会计核算方法和财务报表编制程序也必须大致相同，否则就不会得到任何有实际意义的结果。

3. 财务比率分析

财务比率是相互联系的指标项目之间的比值，用以反映各项财务数据之间的相互关系，从而揭示企业的财务状况和经营成果，是财务分析中最重要的部分。财务比率包括同一张报表中不同项目之间的比较和不同财务报表的相关项目之间的比较；其比值有的是用系数表示，有的是用百分数表示。

4. 因素分析

因素分析是利用各种因素之间的数量依存关系，通过因素替换，从数量上测定各因素变动对某项综合性经济指标的影响程度的一种方法，具体包括差额分析法、指标分解法、连环替代法和定基替代法等。

2.2 财务比率的分析

财务比率分析是指将财务报表中的相关项目进行对比，以此来揭示企业财务状况的一种方法。常用的财务比率可分为五大类：(1) 变现能力比率。(2) 资产管理比率。(3) 负债比率。(4) 盈利能力比率。(5) 市价比率。

2.2.1 变现能力比率

变现能力是企业产生现金的能力，从而可以反映企业的短期偿债能力，它取决于可以在近期转变为现金的流动资产的多少。由于短期债务的偿还要减少现金，因此在计算变现能力指标时要扣除短期负债。反映变现能力的财务比率主要有流动比率、速动比率和现金比率。

1. 流动比率

流动比率是流动资产与流动负债的比值，其计算公式为：

流动比率＝流动资产÷流动负债

不同行业的流动比率有所不同。一般认为，制造业合理的最低流动比率为2。这是因为处于流动资产中变现能力最差的存货金额约占制造业流动资产总额的一半，剩下的流动性较大的流动资产至少要等于流动负债，企业的短期偿债能力才会有保证。计算出来的流动比率，要与同业平均比率、本企业历史的流动比率等进行比较，才能知道这个比率是高还是低。一般情况下，营业周期、流动资产中的应收账款和存货的周转速度是影响流动比率的主要因素。因此在分析流动比率时还要结合流动资产的周转速度和构成情况来进行。

2. 速动比率

由于流动资产中存货的变现能力是最差的，因此在分析企业短期偿债能力时就有必要计算剔除存货后的流动比率，这就是速动比率。速动比率是从流动资产中扣除存货部分后与流动负债的比值，其计算公式为：

速动比率＝（流动资产－存货）÷流动负债

通常认为制造业正常的速动比率为1，低于1的速动比率被认为是短期偿债能力偏低。影响速动比率可信性的重要因素是应收账款的变现能力。上式中的“流动资产－存货”称为速动资产。

除了以上财务比率外，还应结合影响变现能力的其他因素来分析企业的短期偿债能力。增强变现能力的因素主要有可动用的银行贷款指标、准备很快变现的长期资产、企业偿债能力的声誉等；减弱变现能力的因素主要有未做记录的或有负债、担保责任引起的负债等。

2.2.2　资产管理比率

资产管理比率，又称运营效率比率，是用来衡量公司在资产管理方面效率的财务比率。资产管理比率包括营业周期、存货周转率、应收账款周转率、流动资产周转率和总资产周转率。

1. 营业周期

营业周期是指从取得存货开始到销售存货并收回现金为止的这段时间。营业周期的长短取决于存货周转天数和应收账款周转天数，其计算公式如下：

营业周期＝存货周转天数＋应收账款周转天数

营运周期的含义是将期末存货转变成现金所需要的时间。营业周期短，说明资金周转速度快；营业周转长，说明资金周转速度慢。从计算公式可以看出，营运周期是由存货周转率和应收账款周转率所决定的。

2. 存货周转率

在流动资产中，存货所占的比重较大。存货的变现能力将直接影响企业资产的利用效率，因此必须特别重视对存货的分析。存货的变现能力，一般用存货的周转率来反映。存货周转率是衡量和评价企业购入存货、投入生产、销售收回等各环节管理状况的综合性指标，具体有存货周转次数和存货周转天数。存货周转次数是销售成本与平均存货余额的比值；存货周转天数是用时间表示的存货周转率指标。其计算公式为：

存货周转次数 = 销售成本 ÷ 平均存货余额

存货周转天数 = 360 ÷ 存货周转次数

一般来讲，存货周转速度越快，存货的占用水平越低，资产流动性越强，存货转换为现金或应收账款的速度越快。提高存货周转率可以提高企业资产的变现能力。但是存货周转率过高，可能说明企业存货水平过低或销售价格过高等。因此，对于存货周转率的分析，应结合企业存货的构成和销售价格情况做出恰当判断。

3. 应收账款周转率

应收账款和存货一样，在流动资产中具有举足轻重的地位。应收账款的及时收回，不仅可以增强企业的短期偿债能力，也能反映企业管理应收账款方面的效率。

反映应收账款周转速度的指标是应收账款周转率，具体有应收账款周转次数和应收账款周转天数。应收账款周转次数是销售收入与平均应收款余额的比值，反映了年度内应收账款转为现金的平均次数；用时间表示的周转速度是应收账款周转天数，又称为平均应收款回收期或平均收现期，它表示企业从取得应收账款的权利到收回款项所需的时间。其计算公式为：

应收账款周转次数 = 销售收入 ÷ 平均应收款余额

应收账款周转天数 = 360 ÷ 应收账款周转次数

公式中的“销售收入”数来自利润表，是指扣除折扣和折让后的销售净额；“平均应收账款”是指未扣除坏账准备的应收账款金额，它是资产负债表中“期初应收账款余额”与“期末应收账款余额”的平均数。

一般来说，应收账款周转率越高，平均收账期越短，说明应收账款的收回越快，否则，说明企业的营运资金会过多地呆滞在应收账款上，会影响企业资金的正常周转。在运用这个指标时，要注意某些因素可能会影响到该指标的正确计算。这些因素主要有：（1）季节性经营；（2）大量使用分期付款结算方式；（3）大量销售使用现金结算；（4）年末大量销售或年末销售大幅度下降。

存货周转率和应收账款周转率以及两者相结合的营运周期是反映企业资产运营效率的最主要指标，以下是反映企业资产运营效率的另外两个指标。

4. 流动资产周转率

流动资产周转率是销售收入与全部流动资产平均余额的比值。其计算公式为：

流动资产周转率 = 销售收入 ÷ 平均流动资产余额

流动资产周转率是反映流动资产的周转速度。周转速度快，会相对节约流动资产，等于相对扩大长期资产投入，增强企业盈利能力；而延缓周转速度，则说明流动资产占用资金较多，形成资金浪费，降低企业盈利能力。流动资产周转率最终是由存货周转率和应收账款周转率所决定的。

5. 总资产周转率

总资产周转率是销售收入与平均资产总额的比值。其计算公式为：

总资产周转率 = 销售收入 ÷ 平均资产总额

该指标是从总体上反映企业资产利用的效率。总资产周转率越高，说明资产周转速度越快，反映销售能力越强。企业可以通过薄利多销的方法，加速资产的周转，带来利润绝对值的增加。与流动资产流动周转率相同，总资产周转率最终也是由存货周转率和应收账款周转率所决定的。

2.2.3 负债比率

负债比率是指债务与资产和净资产的关系，是反映企业长期债务偿还能力的主要指标。

企业的长期债务主要有长期借款、应付长期债券、长期应付款等。分析一个企业的长期债务偿还能力，主要是为了确定该企业偿还债务本金与债务利息的能力。这种能力是通过财务报表中的有关数据之间的关系来反映的，如权益与资产之间的关系、不同权益之间的内在关系、权益与收益之间的关系等。通过这些关系可以看出企业的资本结构是否健全合理，获利能力是否强，从而评价企业的长期偿债能力的高低。

反映长期偿债能力的负债比率主要有资产负债率、产权比率、有形净值债务率和已获利息倍数。

1. 资产负债率

资产负债率，又称举债经营比率，是负债总额与资产总额的比率，它反映了在总资产中有多大比例的资金来源是通过借债筹集的，也可以衡量企业在清算时保护债权人利益的程度。其计算公式为：

资产负债率 =（负债总额 ÷ 资产总额）×100%

本着稳健原则，公式中负债既包括长期负债，也包括短期负债。这是由于从长期来看，短期负债作为一个整体，企业总是要长期占用的，可以视同长期资金来源。公式中资产总额则是扣除累计折旧后的净额。

不同的企业利益关系人对资产负债率的评价是不同的。债权人所关心的是债权的安全，因此其认为这个指标越低越好；投资人所关心的是投资收益的高低，在资产收益率高于负债利率的情况下，为了获得杠杆利益，投资人认为资产负债率越高越好；企业经营者对于资产负债率的态度则比较复杂，经营者要在负债经营的收益与风险之间进行权衡，选择合适的资产负债率。

2. 产权比率

产权比率，又叫债务股权比率，也是衡量企业长期偿债能力的一个指标。它是负债总额与股东权益总额之比。其计算公式为：

产权比率 =（负债总额 ÷ 股东权益总额）×100%

产权比率反映由债权人提供的资本与股东提供的资本的相对关系，反映企业基本财务结构是否稳定。一般说来，股东资本大于借入资本较好，但也不能一概而论。从股东角度来看，在通货膨胀加剧时期，企业多借债可以把损失和风险转嫁给债权人；在经济繁荣时期，多借债可以获得额外的利润；在经济萎缩时期，少借债可以减少利息负担和财务风险。产权比率高，是高风险、高报酬的财务结构；产权比率低，是低风险、低报酬的财务结构。同时产权比率也表明债权人投入的资本受到股东权益保障的程度。

3. 有形净值债务率

有形净值债务率是企业负债总额与有形净值的百分比。有形净值是股东权益减去无形资产净值。其计算公式为：

有形净值债务率 = [负债总额 ÷（股东权益 − 无形资产净值）] ×100%

有形净值债务率指标实质上是产权比率的延伸，是更为谨慎、保守地反映在企业清算中债权人投入的资产受到股东权益的保障程度。因为保守的观点认为无形资产不宜用来偿还债务，所以将其从股东权益中扣除。从长期偿债能力来讲，该比率越低说明企业的财务风险越小。

4. 已获利息倍数

已获利息倍数，又叫利息保障倍数，是企业经营业务收益与利息费用的比值，用以衡量偿付借款利息的能力。其计算公式为：

已获利息倍数 = 税息前利润 ÷ 利息费用

公式中的“税息前利润”是指利润表中未扣除利息费用和所得税之前的利润。它可以用“利润总额加利息费用”计算得到，其中的“利息费用”是指本期发生的全部应付利息，不仅包括财务费用中的利息费用，还应包括计入固定资产成本的资本化利息。由于我国现行利润表“利息费用”没有单列，而是混在“财务费用”之中，外部报表使用人只好用“利润总额加财务费用”来估算。

已获利息倍数反映了企业的经营收益支付债务利息的能力。这个比率越高说明偿债能力越强。但是，在利用这个指标时应该注意到会计上是采用权责发生制来核算收入和费用的，这样本期的利息费用未必就是本期的实际利息支出，而本期的实际利息支出也未必是本期的利息费用；同时，本期的税息前利润与本期经营活动所获得的现金也未必相等。因此，已获利息倍数的使用应该与企业的经营活动现金流量结合起来；另外，最好比较本企业连续几年的该项指标，并选择最低指标年度的数据作为标准。

除了用以上相关项目之间的比率来反映长期偿债能力外，还应该注意一些影响长期偿债能力的因素，如经营租赁、担保责任、或有负债等。

2.2.4 盈利能力比率

盈利能力比率就是企业赚取利润的能力。不论是投资人、债权人还是企业经理人员等企业的利益关系人都非常关心企业的盈利能力。

一般说来，只有正常的营业状况才能说明企业的盈利能力。非正常的营业状况，虽然也会给企业带来收益或损失，但它不是经常和持久的，不能说明企业的能力。因此，在分析企业的盈利能力时，应当排除证券买卖等非正常项目、已经或将要停止的营业项目、重大事故或法律更改等特别项目以及会计准则和财务制度变更带来的累计影响等因素。

反映企业盈利能力的主要指标有销售净利率、销售毛利率、资产报酬率、净值报酬率等。

1. 销售净利率

销售净利率是净利与销售收入的百分比，其计算公式为：

$$销售净利率 = (净利润 \div 销售收入) \times 100\%$$

销售净利率反映每一元销售收入带来的净利润的多少，表示销售收入的收益水平。企业在增加销售收入的同时，必须相应地获得更多的净利润，才能使销售净利率保持不变或有所提高。通过分析销售净利率的升降变动，可以促使企业在扩大销售的同时，注意改进经营管理，提高盈利水平。销售净利率受行业特点影响较大，因此，在利用这个指标时应结合不同行业的具体情况进行分析。

2. 销售毛利率

销售毛利率是销售毛利占销售收入的比率，其中销售毛利是销售收入与销售成本的差额。其计算公式为：

销售毛利率 = [（销售收入 − 销售成本）÷ 销售收入] ×100%

销售毛利率表示每一元销售收入扣除销售成本后，有多少剩余可以用于各项期间费用的补偿和形成盈利。毛利率是企业销售净利率的最初基础，没有足够大的毛利率便不能盈利。毛利率越大，说明在销售收入中销售成本所占比重越小，企业通过销售获取利润的能力就越强。

3. 资产报酬率

资产报酬率是企业净利润与平均资产总额的比率。其计算公式为：

资产报酬率 =（净利润 ÷ 平均资产总额）×100%

资产报酬率表明了企业资产利用的综合效果，该指标越高，表明资产的利用率越高，说明企业在增加收入和节约资金使用等方面的效果越好。

企业的资产是由投资人投入和举债形成的。净利润的多少与企业资产的多少、资产的结构、经营管理水平有着密切的关系。资产报酬率是一个综合指标，为了正确评价企业经济效益的高低，挖掘提高利润水平的潜力，可以用该项指标与本企业前期、与计划、与本行业平均水平和本行业内先进企业进行对比，分析形成差异的原因。影响资产报酬率高低的主要因素有产品价格、单位成本的高低，产品的产量和销售的数量，资金占用量的大小等。考虑到企业的资产是由投资人投入和举债形成的，也可以用净利润和利息之和与资产总额相比来计算资产报酬率。

4. 净资产报酬率

净资产报酬率，又叫股东权益报酬率或净值报酬率，是净利润与平均股东权益（所有者权益）的比率。其计算公式为：

$$净资产报酬率=(净利润\div平均股东权益)\times100\%$$

公式中的股东权益，是指股份制企业股东对企业净资产的要求权，股份制企业的全部资产减负债后的净资产属于股东权益，包括股本、资本公积、盈余公积和未分配利润。平均股东权益则指年初股东权益与年末股东权益的平均数。

净资产报酬率反映股东权益的收益水平，该指标越高，说明投资给股东带来的收益越高。净资产报酬率可以分解成资产报酬率与平均权益乘数的乘积，平均权益乘数是资产总额与股东权益总额的比率。因此，提高平均权益乘数可以有两个途径：一个是在权益乘数一定的情况下，通过提高资产利用效率来提高净资产报酬率；另一个是在资产报酬率一定和在资产报酬率大于负债利率的情况下，通过扩大权益乘数来提高净资产报酬率。

2.2.5 市价比率

市价比率，又称市场价值比率，实质是普通股每股市价和公司盈余、每股账面价值的比率。对于股份有限公司来说，它是前述四个指标的综合反映，管理者可据此了解股东对公司的评价。

市价比率分析包括每股盈余分析、市盈率分析、每股股利分析、留存盈利比例分析、股利支付率分析和每股账面价值分析。

1. 每股盈余

每股盈余是本年盈余与普通股流通股数的比值。其计算公式为：

每股盈余 =（净利润 – 优先股股息）/ 发行在外的加权平均普通股股数

由于我国公司法没有关于发行优先股的规定，因此一般不存在扣除优先股息问题，净利润除以发行在外的股份数就是每股盈余。

每股盈余是衡量股份制企业盈利能力的指标之一，该指标反映普通股的获利水平，该指标越高，每股可获得的利润越多，股东的投资效益越好，反之则越差。由于每股盈余是一个绝对指标，因此在分析时，还应结合流通在外的普通股股数的变化及每股股价的高低的影响。

2. 市盈率

市盈率是每股市价与每股盈余的比率，又称本益比。其计算公式为：

市盈率 = 每股市价 ÷ 每股盈余

公式中的市价是指普通股每股在证券市场上的买卖价格。

市盈率是衡量股份制企业盈利能力的重要指标，该指标反映投资者对每元利润愿支付的价格。该指标高，意味着投资者对公司的发展前景看好，愿意支付较高的价格购买该公司的股票，说明该公司未来成长的潜力较大。但每股盈余过低或市价过高所导致的高市盈率，则意味着较高的投资风险。因此使用该指标时不能只看该指标本身，还应该分析影响该指标的一些因素。

3. 每股股利

每股股利是股利总额与普通股流通股数的比值。其计算公式为：

每股股利 = 股利总额 ÷ 普通股流通股数

公式中的股利总额是指用于分配普通股现金股利的总数。

每股股利高低，不仅取决于企业的获利能力，还取决于公司的股利政策和现金流量是否充裕。例如企业为扩大再生产，多留公积金，那么每股股利必然会减少，反之则会增加。因此在使用这个指标时还应结合公司的股利政策和现金流量情况进行具体的分析。

4. 留存盈利比例

留存盈利比例是企业税后净利润减去全部股利的余额与企业净利润的比率。其计算公式为：

留存盈利比例 =（税后净利润 − 全部股利余额）÷ 净利润 × 100%

留存盈利是指企业的税后留利。企业经常要留用一部分利润用于扩大再生产和集体福利，剩下来的才发放股利。留用的利润便称留存利润，包括法定盈余公积金、公益金和任意盈余公积金等。留存盈利不是指每年累计下来的盈利，而是当年利润中留下的部分。

留存盈利直接关系到分发到投资人（股东）手中股利的多少，因此投资人要对留存盈利与净利润的比例进行分析。

留存盈利比例指标用于衡量当期净利润总额中有多大的比例留在企业中用于发展。同时，留存盈利比例的高低体现了企业的经营方针。如果企业认为有必要积累资金，高速发展，尽快扩大经营规模，经董事会同意，从长远利益考虑，可能决定留存盈利的比例大一些。因此，在正常情况下，留存盈利比例较高意味着公司有较好的成长性。如果认为可以通过其他方式筹集资金，而不宜过多影响投资人的当前利润，则可能留存盈利比例小一些。

5. 股利支付率

股利支付率是普通每股股利与每股盈余的比率。其计算公式为：

股利支付率 =（普通每股股利 ÷ 每股盈余）×100%

股利支付率反映公司的净利润中有多少用于股利的分派。就单独的普通股投资人来讲，这个指标比每股盈余更能直接体现当前利益，因此与个人联系更为紧密。

股利支付率主要取决于公司的股利政策和现金流量，没有什么具体的标准来衡量股利支付率的高低。而且企业与企业之间也没有什么可比性，因为这要依据各企业对资金需要量的具体情况而定。股东对股利的要求也不一致，有的股东愿意当期多拿股利，也有的股东愿意让企业把更多的利润用于再投资，以期将来获得更高的股利收入。

6. 每股账面价值

每股账面价值是股东权益总额减去优先股权益后的余额与发行在外的普通股股数的比值。其计算公式为：

每股账面价值 =（股东权益总额 − 优先股权益）/ 发行在外的普通股股数

每股账面价值反映的是发行在外的每股普通股所代表的企业记在账面上的股东权益额。对投资人来讲，这一指标使他们了解了每股权益的多少，并有助于他们进行投资分析。投资人认为：当股票市价低于其账面价值时，这个企业没有发展前景；当市价高于账面价值时，则认为这个企业有希望、有潜力。因此，投资人非常重视这个指标，它反映了企业发展的潜力。

2.3　不同时期的分析

一个会计年度中可能有较多的非常或偶然事项，这些事项既不能代表企业的过去，也不能说明其未来，因此只分析一个会计年度的财务报表往往不够全面。如果对企业若干年的财务报表按时间序列做分析，就能看出其发展趋势，有助于规划未来，同时也有助于判断本年度是否具有代表性。

不同时期的分析有三种常用方法：多期比较分析、结构百分比分析和定基百分比分析。

不同时期的分析，主要是判断发展趋势，故亦称趋势分析；分析时主要使用百分率，故亦称百分率分析。

1. 多期比较分析

多期比较分析，是研究和比较连续几个会计年度的会计报表及相关项目。其目的是查明变化内容、变化原因及其对企业的未来有何影响。在进行多期比较时，可以用前后各年每个项目金额的差额进行比较，也可以用百分率的变化进行比较，还可以计算出各期财务比率进行多期比较。比较的年度数一般为5年，有时甚至要列出10年的数据。

2. 结构百分比分析

结构百分比分析，是把常规的财务报表换算成结构百分比报表，然后逐项比较不同年份的报表，查明某一特定项目在不同年度间百分比的差额。

同一报表中不同项目的结构分析的计算公式为：

结构百分比 =（部分 ÷ 总体）×100%

通常，利润表的“总体”是“销售收入”；资产负债表的“总体”是“总资产”。

3. 定基百分比趋势分析

定基百分比趋势分析，首先要选取一个基期，将基期报表上各项数额的指数均定为100，其他各年度财务报表上的数字也均用指数表示，由此得出定基百分比报表。通过定基百分比可以看出各项目的发展变化趋势。不同时期的同类报表项目的定基百分比的计算公式为：

考察期指数 =（考察期数值 ÷ 基期数值）×100%

2.4 不同企业之间的比较分析

1. 企业之间的分析概述

在进行财务报表分析时，经常会碰到的一个问题是，计算出财务比率之后，无法判断它是偏高还是偏低。与本企业的历史数据比较，只能看出自身的变化，无法知道本企业在竞争中所处的地位；与同行业、同规模的其他企业进行比较，虽然可以看出与对方的区别，为发现问题和查找差距提供线索，但是，对方并不一定是好的，与之不同也未必不好。因此行业平均水平的财务比率可以作为比较的标准，常常被称为标准财务比率，如标准的流动比率、标准的资产利润率等。标准财务比率，可以作为评价一个公司财务比率优劣的参照物。以标准财务比率作为基础进行比较分析，更容易发现企业的异常情况，便于揭示企业存在的问题。

2. 标准财务比率

标准财务比率就是特定国家、特定时期、特定行业的平均财务比率。

一个标准的确定，通常有两种方法。一种方法是采用统计方法，即以大量历史数据的统计结果作为标准。这种方法是假定大多数是正常的，社会平均水平是反映标准状态的。脱离了平均水平，就是脱离了正常状态。另一种方法是采用工业工程法，即以实际观察和科学计算为基础，推算出一个理想状态作为评价标准。这种方法假设各变量之间有其内在的比例关系，并且这种关系是可以被认识的。实际上人们经常将以上两种方法结合起来使用，它们互相补充，互相印证，很少单独使用一种方法建立评价标准。

目前，标准财务比率的建立主要采用统计方法，工业工程法处于次要地位，这可能与人们对财务变量之间的关系的认识尚不充分有关。有资料表明，美国、日本等工业发达国家的某些机构和金融企业在专门的刊物上定期公布各行业的财务方面的统计指标，为报表使用人进行分析提供大量资料。近年来，我国国务院国资委财务监督与考核评价局每年都会发布企业绩效评价标准值，如表2－1中的数据是某年度的企业绩效评价标准值，在进行财务分析时可以参考。

表 2－1　企业绩效评价标准值

	全国国有企业	工业	传播与文化业	房地产业	建筑业	交通运输仓储及邮政业	农林牧渔业	批发和零售贸易业	社会服务业	信息技术服务业	住宿和餐饮业
项目	平均值	平均值	平均值	平均值	平均值	平均值	平均值	平均值	平均值	平均值	平均值
一、盈利能力状况											
净资产收益率（%）	5.1	6	6.2	6.5	7	1.5	2.2	4.1	5.3	5	1.5
总资产报酬率（%）	3.8	4.6	4.2	3.5	1.3	1.2	1.4	2.9	4.2	3.5	1
主营业务利润率（%）	7.9	8.8	27.3	18.1	5.1	3	7.6	2.3	6.8	15.5	26.2
盈余现金保障倍数	0.7	1	0.8	0.8	0.3	0.8	0.9	0.4	1.8	1.2	1.9
成本费用利润率（%）	4	4.8	9	10.5	2.1	1.2	2.5	1.7	6.7	8.5	2.1
资本收益率（%）	5.5	6.2	7.5	7	8	2	2.9	6.3	6.8	6	1.6
二、资产质量状况											
总资产周转率（次）	0.5	0.6	0.4	0.3	0.5	0.4	0.6	0.8	0.7	1.2	0.4
应收账款周转率（次）	7.7	7	7.2	7.6	3	3	10	7.5	5.8	5.8	11.3
不良资产比重（%）	2.5	2.4	1	4	4	2.5	5.5	1	2	2.5	1.7
流动资产周转率（次）	1.3	1.8	0.7	0.4	0.8	1.3	1	1.1	1.1	2.5	1.1
资产现金回收率（%）	2.9	4	3.4	0.5	0.4	2.2	1.2	1	2.5	6.5	3.6
三、债务风险状况											
资产负债率（%）	65	60	65	70	70	65	65	65	65	65	65
已获利息倍数	2.5	3	2.8	2.9	1.6	1.9	2.1	1	3.5	4	1

续表

	全国国有企业	工业	传播与文化业	房地产业	建筑业	交通运输仓储及邮政业	农林牧渔业	批发和零售贸易业	社会服务业	信息技术服务业	住宿和餐饮业
项目	平均值	平均值	平均值	平均值	平均值	平均值	平均值	平均值	平均值	平均值	平均值
速动比率（%）	75	73	95.3	73	59	70	79.9	70	101.5	87.5	79.8
现金流动负债比率（%）	7.5	9.5	9.8	1.1	1.4	5.5	3	1.5	8	36.5	9.8
带息负债比率（%）	50	48	47.8	63	40	65	45.2	55.5	51	50	45.2
或有负债比率（%）	4.8	5	3.2	7.2	0.3	7	6.8	4.6	5.5	4.5	4.5
四、经营增长状况											
销售（营业）增长率（%）	7.5	7	3	10.2	15	2.3	10.9	5	10.9	5.8	7
资本保值增长率（%）	104.1	104.8	105	105	110	100.3	102.8	103.9	105.2	103.5	109.8
销售（营业）利润增长率（%）	5	4.8	2.7	6.5	7.2	0.8	1.4	5	6	5	5.9
总资产增长率（%）	9.7	10.5	7.2	11.5	11	4.5	5.2	5.8	11	7.2	4.9
技术投入比率（%）	2	2	1.2	0.7	0.9	0.3	0.7	0.7	4.1	4.3	0.3
五、补充资料											
存货周转率（次）	4.5	4.8	2	0.6	4.7	3.5	3.2	8.5	2.5	14.5	5.1
两金占流动资产比重（%）	55.2	55.4	38.1	68.5	62.1	52.4	44.8	53.9	48.2	40.3	37.6
成本费用占主营业务收入比重（%）	96.9	96.5	95.8	84.5	98.2	98	99.1	98.8	92.5	87.5	100.4
经济增加值率（%）	0.3	0.9	1	1.5	0.1	-4	-1	2	1.5	3.5	-1.9
EBITDA 率（%）	5.9	6.5	12.3	16	4.1	4.5	6.6	3	12	25	15.6
资本积累率（%）	8.5	7.8	8.9	9	5.2	2.2	3.5	8	5	3.5	5.4

对于行业的平均财务报表比率，在使用时应注意以下问题：（1）行业平均指标是根据部分企业抽样调查来的，不一定能真实反映整个行业的实际情况。如果其中有一个极端的样本，则可能歪曲整个情况。（2）计算平均数的每一个公司采用的会计方法不一定相同，资本密集型与劳动密集型企业可能在一起进行平均，负有大量债务的企业可能与没有债务的企业在一起进行平均。因此，在进行报表分析时往往要对行业平均财务比率进行修正，尽可能建立一个可比的基础。

2.5 财务报表分析方法在出版传媒行业中的应用

2012年证监会颁布的上市公司行业分类指引（2012年修订）已将“传播与文化产业”确定为上市公司的13个基本产业门类之一。截至目前，文化传媒类上市公司有39家，其中出版传媒类上市公司10多家。以下选取成都博瑞传播股份有限公司（简称博瑞传媒）、中南出版传媒集团股份有限公司（简称中南传媒）、安徽新华传媒股份有限公司（简称皖新传媒）、时代出版传媒股份有限公司（简称时代出版）、广东九州阳光传媒股份有限公司（简称粤传媒）、北方联合出版传媒（集团）股份有限公司（简称北方出版传媒）、上海新华传媒股份有限公司（简称新华传媒）、中文天地出版传媒股份有限公司（简称中文传媒）、湖南天舟科教文化股份有限公司（简称天舟文化）、华闻传媒投资集团股份有限公司（简称华闻传媒）10家出版传媒上市公司2010—2014年年度报告作为分析数据来源，利用财务报表分析方法对其经营绩效进行分析。

2.5.1　纵向分析：单个公司的绩效分析

1. 博瑞传媒的经营绩效分析

基于博瑞传媒公司 2010—2014 年年度报告，计算得到该公司经营绩效的主要指标，详见表 2 –2。

表 2 –2　博瑞传媒公司 2010—2014 年经营绩效的主要指标

	2010	2011	2012	2013	2014	均值
流动比率	1. 67	2. 00	1. 52	2. 39	3. 79	2. 27
速动比率	1. 54	1. 88	1. 42	2. 34	3. 74	2. 18
资产负债率	26. 01%	21. 10%	17. 77%	18. 74%	14. 70%	19. 67%
应收账款周转率	23. 77	22. 70	15. 00	8. 00	5. 41	14. 98
存货周转率	9. 53	9. 24	12. 32	18. 99	30. 65	16. 15
加权净资产收益率	21. 70%	21. 34%	13. 27%	13. 52%	7. 99%	15. 56%
销售毛利率	50. 83%	48. 82%	46. 89%	48. 55%	48. 63%	48. 74%
销售净利率	29. 60%	32. 20%	22. 15%	25. 53%	20. 71%	26. 04%

从表 2 –2 可知，2010—2014 年，博瑞传媒公司流动比率、速动比率大体呈现逐年上升的趋势，说明公司短期偿债能力逐年提高；资产负债率总体呈下降趋势，说明公司长期偿债能力强，但同时也反映了公司不能很好地利用财务杠杆创造价值。在营运能力方面，公司应收账款周转率有所下滑，自 2012 年开始降幅较大，2013 年和 2014 年公司应收账款周转率均低于出版业平均值，主要原因是公司这两年应收账款数量大幅上升，存货周转率一直较高，说明公司存货管理效率高，2014 年该比率约为行业平均水平的 5 倍。在盈利能力方面，公司一直表现强劲，加权净资产收益率与销售净利率均高于行业均值的 2 倍。但 2014 年加权净资产收益率降至 7. 99%，

这是由于2014年公司重点推广移动游戏产品，大量投入资金进行研发、宣传，对利润的影响较大。

2. 北方出版传媒的经营绩效分析

基于北方出版传媒公司2010—2014年年度报告，计算得到该公司经营绩效的主要指标，详见表2-3。

表2-3 北方出版传媒公司2010—2014年经营绩效的主要指标

	2010	2011	2012	2013	2014	均值
流动比率	2.36	2.36	2.57	2.43	2.38	2.42
速动比率	1.49	1.52	1.75	1.73	1.65	1.63
资产负债率	31.55%	32.13%	30.97%	32.86%	35.45%	32.59%
应收账款周转率	4.37	4.77	4.36	4.19	4.94	4.53
存货周转率	1.69	1.67	1.54	1.70	1.85	1.69
加权净资产收益率	8.51%	4.19%	4.06%	4.05%	4.22%	5.01%
销售毛利率	25.67%	22.97%	23.72%	24.03%	21.27%	23.53%
销售净利率	9.78%	4.89%	5.37%	5.30%	5.03%	6.08%

从表2-3可知，2010—2014年，北方出版传媒公司偿债能力均处于正常水平，且资产负债率保持在行业的合适水平，说明公司偿债能力较强，同时也能较好地利用财务杠杆创造价值。在营运能力方面，在10家上市公司中表现最差，应收账款周转率和存货周转率均低于或与行业均值持平，说明公司应收账款管理效率不高，存货流动性较弱。在盈利能力方面，该公司表现也较差，加权净资产收益率和销售净利率大多时候低于行业均值，这是由于公司正处于转型阶段，2013年期待较高的游戏项目未达到预期效益，而传统的报媒及印刷业务利润减少，但公司仍保持了业绩的稳定增长。

3. 华闻传媒的经营绩效分析

基于华闻传媒公司 2010—2014 年年度报告，计算得到该公司经营绩效的主要指标，详见表 2－4。

表 2－4 华闻传媒公司 2010—2014 年经营绩效的主要指标

	2010	2011	2012	2013	2014	均值
流动比率	1.82	1.43	1.16	1.61	2.03	1.61
速动比率	1.61	1.24	0.97	1.47	1.77	1.41
资产负债率	28.88%	31.66%	35.82%	35.00%	32.86%	32.84%
应收账款周转率	24.24	22.47	19.20	13.46	8.44	17.56
存货周转率	8.83	8.67	7.68	7.33	6.04	7.71
加权净资产收益率	9.75%	10.04%	9.54%	19.78%	19.93%	13.81%
销售毛利率	33.82%	38.45%	37.56%	40.90%	45.25%	39.20%
销售净利率	12.43%	13.38%	13.03%	24.08%	26.56%	17.90%

从表 2－4 可知，2010—2014 年，华闻传媒公司偿债能力均处于稳定水平，且资产负债率保持在行业的合适水平，说明公司偿债能力较强，同时也能较好地利用财务杠杆创造价值。在营运能力方面，公司表现良好，两项比率均处于行业平均水平之上，其中应收账款周转率较高，约为平均水平的 2 倍，说明公司应收账款管理效率高，只有 2014 年该比率降至 8.44，低于行业平均水平。在盈利能力方面，公司表现良好，两项比率除 2010—2012 年销售毛利率低于行业均值、2010 和 2011 年销售净利率低于行业均值外，其他年份都处于行业平均水平之上，并呈逐年上升的趋势，说明公司整体水平发展良好。

4. 时代出版的经营绩效分析

基于时代出版公司 2010—2014 年年度报告，计算得到该公司经营绩效的主要指标，详见表2－5。

表2－5 时代出版公司2010—2014年经营绩效的主要指标

	2010	2011	2012	2013	2014	均值
流动比率	3.22	2.89	2.43	2.09	1.87	2.50
速动比率	2.42	2.13	1.87	1.64	1.46	1.91
资产负债率	23.04%	26.56%	30.73%	36.08%	38.57%	31.00%
应收账款周转率	4.14	6.16	8.47	6.99	5.64	6.28
存货周转率	2.30	2.71	3.33	4.60	5.34	3.66
加权净资产收益率	10.72%	9.85%	10.40%	10.69%	11.10%	10.55%
销售毛利率	27.49%	22.36%	19.26%	15.62%	13.30%	19.61%
销售净利率	13.74%	11.29%	10.13%	8.10%	7.32%	10.11%

从表2－5可知，2010—2014年，时代出版公司偿债能力均处于稳定水平，且资产负债率保持在行业的合适水平，说明公司偿债能力较强，同时也能较好地利用财务杠杆创造价值。并且资产负债率呈逐年上升的趋势，说明公司正开始有效地利用财务杠杆创造价值。在营运能力方面，公司表现较差，两项比率除2012年、2013年应收账款周转率略高于行业均值，2013年和2014年存货周转率略高于行业均值，其余年份均低于行业平均水平。在盈利能力方面，公司表现较为稳定，但销售净利率正呈逐年下降的趋势。

5. 天舟文化的经营绩效分析

基于天舟文化公司2010—2014年年度报告，计算得到该公司经营绩效的主要指标，详见表2－6。

表2－6 天舟文化公司2010—2014年经营绩效的主要指标

	2010	2011	2012	2013	2014	均值
流动比率	16.27	10.03	7.64	5.39	3.29	8.52

续表

	2010	2011	2012	2013	2014	均值
速动比率	15.64	9.44	6.86	4.72	3.13	7.96
资产负债率	5.95%	8.53%	11.18%	14.54%	12.56%	10.55%
应收账款周转率	7.59	8.29	6.57	7.31	9.68	7.89
存货周转率	7.77	8.17	4.71	4.15	5.61	6.08
加权净资产收益率	29.07%	6.51%	3.64%	3.83%	9.51%	10.51%
销售毛利率	32.76%	28.23%	31.13%	28.59%	45.43%	33.23%
销售净利率	14.67%	11.96%	7.24%	6.22%	23.08%	12.63%

从表 2－6 可知，2010—2014 年，天舟文化公司短期偿债能力颇高，这主要是由于天舟文化是 2010 年年底上市的公司，可能存在大量的资金堆积，企业滞留在流动资产上的资金过多，观察其 5 年的数据可以看出，其流动比率和速动比率一直有所降低，且 2012—2014 年降至同行业水平以下，可以得出天舟文化的资金运用效率得当。资产负债率虽然正逐年提高，但总体仍低于正常水平，一方面说明公司长期负债能力强，另一方面说明公司过于保守，不能有效利用财务杠杆创造价值。在营运能力方面，公司表现较为稳定，但仍处于 10 家上市公司平均水平之下，并且两项比率呈波动状态。在盈利能力方面，公司表现波动起伏较大，其中 2010 年加权净资产收益率较高，其后 3 年时间一直下降，且数值偏低，至 2014 年才有所回升。销售净利率总体较为稳定，除了 2013 年偏低。

6. 皖新传媒的经营绩效分析

基于皖新传媒公司 2010—2014 年年度报告，计算得到该公司经营绩效的主要指标，详见表 2－7。

表 2－7　皖新传媒公司 2010—2014 年经营绩效的主要指标

	2010	2011	2012	2013	2014	均值
流动比率	3.25	3.40	3.62	2.97	2.95	3.24
速动比率	3.05	3.06	3.32	2.52	2.61	2.91
资产负债率	24.42%	21.46%	21.95%	25.27%	27.74%	24.17%
应收账款周转率	7.40	9.83	13.88	13.53	11.00	11.13
存货周转率	8.98	7.06	6.99	6.27	6.33	7.13
加权净资产收益率	9.99%	10.88%	12.64%	13.88%	14.19%	12.32%
销售毛利率	33.26%	33.54%	32.11%	27.01%	23.61%	29.91%
销售净利率	11.65%	13.10%	13.79%	13.29%	12.18%	12.80%

从表 2－7 可知，2010—2014 年，皖新传媒公司短期偿债能力较强且稳定，资产负债率不太高，低于行业平均水平。在营运能力方面，公司表现较为稳定，几乎处于平均水平。在盈利能力方面，公司表现较为优秀，接近平均水平。

7. 新华传媒的经营绩效分析

基于新华传媒公司 2010—2014 年年度报告，计算得到该公司经营绩效的主要指标，详见表 2－8。

表 2－8　新华传媒公司 2010—2014 年经营绩效的主要指标

	2010	2011	2012	2013	2014	均值
流动比率	0.72	0.69	0.87	0.92	0.78	0.80
速动比率	0.63	0.61	0.79	0.81	0.67	0.70
资产负债率	53.30%	53.58%	57.34%	59.65%	56.57%	56.09%
应收账款周转率	5.28	5.93	6.36	7.99	9.71	7.05
存货周转率	3.89	6.12	5.32	4.61	3.76	4.74
加权净资产收益率	9.21%	7.66%	4.34%	2.38%	2.01%	5.12%

续表

	2010	2011	2012	2013	2014	均值
销售毛利率	37.12%	32.87%	33.13%	34.19%	31.10%	33.68%
销售净利率	9.04%	8.78%	6.13%	3.24%	2.82%	6.00%

从表2-8可知，2010—2014年，新华传媒公司短期偿债能力较弱，均处于平均水平之下，有发生坏账的危险。资产负债率在10家上市公司中最高。在营运能力方面，公司表现较差，两项比率均低于平均水平，但呈逐年提高的趋势。在盈利能力方面，公司表现较差，并且逐年下降，销售获利水平较弱。

8. 粤传媒的经营绩效分析

基于粤传媒公司2010—2014年年度报告，计算得到该公司经营绩效的主要指标，详见表2-9。

表2-9　粤传媒公司2010—2014年经营绩效的主要指标

	2010	2011	2012	2013	2014	均值
流动比率	4.06	3.45	4.62	5.91	4.35	4.47
速动比率	3.82	3.17	4.31	5.57	4.17	4.21
资产负债率	13.70%	13.89%	11.69%	10.32%	13.91%	12.70%
应收账款周转率	2.85	2.59	6.51	5.33	2.85	4.02
存货周转率	5.77	5.67	8.62	6.85	7.16	6.81
加权净资产收益率	1.39%	0.91%	7.96%	8.29%	5.62%	4.83%
销售毛利率	23.17%	16.24%	36.53%	40.16%	41.94%	31.61%
销售净利率	4.89%	3.25%	14.64%	18.50%	14.24%	11.10%

从表2-9可知，2010—2014年，粤传媒公司短期偿债能力较强，均高于行业平均水平，并呈现逐年上升的趋势，资产负债率偏

低，说明长期偿债能力较强，但财务杠杆利用不合理。在营运能力方面，应收账款周转率偏低，说明公司应收账款管理效率不高，有待提高。存货管理水平较为稳定。在盈利能力方面，公司相关比率偏低，但呈逐年提高的趋势。

9. 中南传媒的经营绩效分析

基于中南传媒公司2010—2014年年度报告，计算得到该公司经营绩效的主要指标，详见表2－10。

表2－10　中南传媒公司2010—2014年经营绩效的主要指标

	2010	2011	2012	2013	2014	均值
流动比率	2.91	3.01	3.10	3.14	3.15	3.06
速动比率	2.60	2.68	2.77	2.81	2.90	2.75
资产负债率	27.19%	27.14%	27.13%	27.15%	27.86%	27.29%
应收账款周转率	17.09	19.16	16.84	14.11	12.12	15.86
存货周转率	3.65	3.95	4.24	4.50	4.89	4.25
加权净资产收益率	17.46%	10.89%	11.65%	12.60%	15.06%	13.53%
销售毛利率	40.48%	39.57%	38.65%	39.24%	40.67%	39.72%
销售净利率	12.62%	13.77%	13.29%	14.09%	16.91%	14.14%

从表2－10可知，2010—2014年，中南传媒公司偿债能力较为稳定。在营运能力方面，公司应收账款管理水平较为稳定，存货周转率偏低，低于行业平均水平，说明存货管理效率有待提高。在盈利能力方面，公司表现良好，两项比率均高于行业平均，说明销售获利水平较强。

10. 中文传媒的经营绩效分析

基于中文传媒公司2010—2014年年度报告，计算得到该公司经营绩效的主要指标，详见表2－11。

表2－11　中文传媒公司2010—2014年经营绩效的主要指标

	2010	2011	2012	2013	2014	均值
流动比率	1.28	1.56	1.71	1.83	1.82	1.64
速动比率	0.94	1.36	1.52	1.70	1.59	1.42
资产负债率	30.72%	48.26%	52.19%	48.52%	44.10%	44.76%
应收账款周转率	7.92	10.86	11.10	13.02	11.05	10.79
存货周转率	4.61	9.99	13.44	14.91	9.47	10.49
加权净资产收益率	11.37%	13.38%	13.13%	12.33%	13.32%	12.71%
销售毛利率	36.02%	18.37%	15.14%	15.46%	19.98%	20.99%
销售净利率	11.53%	6.92%	5.19%	6.03%	8.60%	7.66%

从表2－11可知，2010—2014年，中文传媒短期偿债能力较弱，有些年份处于行业平均水平之下，有待提高。资产负债率较为稳定，且呈逐年上升的趋势。在营运能力方面，公司表现较为稳定。在盈利能力方面，公司加权净资产收益率多数年份处于平均水平之上，销售净利率呈大体下降的趋势。

2.5.2　横向分析：公司间绩效的比较分析

以下以10家出版传媒上市公司2010—2014年相关财务指标的平均值为基础，横向比较分析这10家公司间的财务绩效。平均值数据详见表2－12。

表 2-12　10 家出版上市公司 2010—2014 年相关财务指标的平均值

	博瑞传媒	北方出版传媒	华闻传媒	时代出版	天舟文化	皖新传媒	新华传媒	粤传媒	中南传媒	中文传媒	均值
流动比率	2.27	2.42	1.61	2.50	8.52	3.24	0.80	4.47	3.06	1.64	3.05
速动比率	2.18	1.63	1.41	1.91	7.96	2.91	0.70	4.21	2.75	1.42	2.71
资产负债率（%）	19.67	32.59	32.84	31.00	10.55	24.17	56.09	12.70	27.29	44.76	29.17
应收账款周转率	14.98	4.53	17.56	6.28	7.89	11.13	7.05	4.02	15.86	10.79	10.01
存货周转率	16.15	1.69	7.71	3.66	6.08	7.13	4.74	6.81	4.25	10.49	6.87
加权净资产收益率（%）	15.56	5.01	13.81	10.55	10.51	12.32	5.12	4.83	13.53	12.71	10.39
销售毛利率（%）	48.74	23.53	39.20	19.61	33.23	29.91	33.68	31.61	39.72	20.99	32.02
销售净利率（%）	26.04	6.08	17.90	10.11	12.63	12.80	6.00	11.10	14.14	7.66	12.45
主营业务收入增长率（%）	12.23	3.22	9.62	25.63	33.53	17.53	-4.48	-1.72	17.45	40.51	15.35
净利润增长率（%）	6.13	-7.39	27.17	11.40	100.98	20.50	-25.23	-38.37	25.92	26.49	14.76

注：表中数据选自 10 家公司 2010—2014 年 5 年数据平均值。

1. 经营绩效主要指标分析

(1) 偿债能力分析

偿债能力是指企业能否在规定时间内偿还给企业债权人的本金和利息的能力，即看其资产是否可以抵债的能力。

短期资产用于抵偿短期负债的能力叫作短期偿债能力。短期偿债能力的主要衡量指标有流动比率、速动比率。一般流动比率处在 2 及以上，速动比率处在 1 及以上较为合适。在 10 个出版类上市公司当中，除天舟文化两项指标偏高，均在 8 左右，新华传媒两项指标偏低，均在 0.8 左右之外，其余公司两项比率均处于正常稳定水平。分析原因可以知道，天舟文化是 2010 年年底上市的公司，可能存在大量的资金堆积，企业滞留在流动资产上的资金过多，并且表中数据是 2010—2014 年 5 年的数据平均值，观察天舟文化 5 年的数据表格可以看出，其流动比率和速动比率一直有所降低且低于正常水平，可以得出天舟文化的资金运用效率得当。同时，观察新华传媒 5 年的数据表格可以看出，其两项比率逐年增大，均呈波动的趋势，但均小于 1，说明其短期偿债能力有待提高，企业流动资产有发生坏账和降价的危险，企业在生产经营活动中提供现金、偿还到期债务、维护正常经营活动的能力较弱。新华传媒是国有企业，且是传统文化类出版企业，在相关政策的扶持下，虽然企业短期偿债能力较低，但是依旧可以从银行筹集资金，并享受利率优惠。企业处于战略转型期，在保留原主营业务的基础上，更是逐步拓展其他行业领域，可以根据数据预期企业短期偿债能力会在将来有稳步提升。

长期资产用于抵偿长期负债的能力叫作长期偿债能力。长期偿债能力主要有资产负债率。根据传媒类行业特色，该比率保持在32%较为合适。对债权人而言，该比率越低越好，对管理者来说可以适当负债。10家上市公司的平均资产负债率接近29%，处于较为平稳的状态，说明公司偿债能力较强。但是天舟文化的资产负债率偏低，接近11%，公司融资风险低，这说明公司过于保守，不能有效利用财务杠杆创造价值。

整体来看，10家上市公司的流动比率和速动比率均值要高于其他行业平均水平，资产负债率适中，说明我国出版行业具有较强的偿债能力和较低的负债风险，同时也存在着资金利用较为保守、募集资金沉积的问题。

（2）营运能力分析

资产营运能力是指企业对其资产的利用效率。流动资产营运能力对于企业而言，最关键的是应收账款及存货的周转。周转率越高说明资产的利用效率越好，也从侧面证明了其盈利能力越强。10家上市公司的应收账款周转率和存货周转率的均值分别为10.01和6.87。

从应收账款周转率来看，华闻传媒明显优于行业平均水平，为17.56，说明其资产流动性大，偿还债务的能力强，收账速度快，坏账少。而北方出版传媒和粤传媒的应收账款周转率则远远低于平均水平，分别为4.53和4.02，说明两家公司的收账能力较为薄弱，坏账过多。并且有半数公司应收账款周转率处于平均水平之下，说明出版上市公司的应收账款管理效率不太高，收账速度慢，坏账堆积。

从存货周转率来看，在10家出版上市公司中，博瑞传媒的存货周转率有较大优势，为16.15，是平均水平的两倍多，除了博瑞传媒，其他 9 家上市公司的平均存货周转率为 5.84 次，有 6 家在行业平均水平之下，说明出版上市公司的存货流动性及变现性管理效率不太高。总体来看，除个别公司比率呈较高水平，出版行业整体营运能力不高，整体行业应加强应收账款及存货的管理，采用一系列积极的销售和管理策略，提高资金的使用效率及收款速度，减少存货。

（3）盈利能力分析

企业经营业绩的好坏最终可以通过盈利能力来反映。下文主要选取加权净资产收益率和销售净利率这两大指标来衡量上市公司的盈利能力。这两个比率的行业平均水平分别为 10% 和 12%。

净资产收益率是衡量上市公司盈利能力的重要指标，是指利润额与平均股东权益的比值，该指标越高，说明投资带来的收益越高。这 10 家上市公司的平均水平超过 10%，说明出版上市公司的盈利能力较强，公司经营状况良好。其中，博瑞传媒的净资产收益率最高，为 15.56%，北方出版传媒、新华传媒和粤传媒则表现较弱，低于行业平均。

销售净利率是企业实现净利润与销售收入的对比关系，用以衡量企业在一定时期的盈利能力。出版行业整体表现良好，平均水平达到 12.45%，博瑞传媒表现尤为突出，为 26.04%。但近半数公司低于平均水平，新华传媒最低，为 6%，不到平均水平的一半。说明出版上市公司盈利能力较弱。

（4）成长能力分析

成长能力主要指上市公司未来发展趋势和速度，综合反映公司未来的竞争力和发展前景。下文主要选取主营业务收入增长率和净利润增长率这两大指标来衡量上市公司的成长能力。这两个指标的行业平均水平均为15%。

从主营业务收入增长率来看，天舟文化以33.53%的数据领先行业平均水平，观察其5年的数据表格可以发现它的主营业务收入增长率呈波动的下降趋势。整个行业的主营业务收入增长率均偏低，新华传媒和粤传媒则以负增长在行业中垫底，且两家公司自2010年以来基本保持负增长趋势，前景堪忧。

从净利润增长率来看，天舟文化出类拔萃，增长率达到100.98%，观察其5年的数据表格可以发现主要是由于它在2014年的净利润增长率突然跃升到483.46%所致。北方出版传媒、新华传媒、粤传媒出现了负增长，分别为-7.39%，-25.23%和-38.37%。北方出版传媒是由于2011年比率突然变为-47.60%，新华传媒和粤传媒2010—2014年则基本为负增长。

从整体来看，除部分企业表现出色外，大部分出版上市公司的成长能力只能勉强及格，且与公司之前数据差距较大，主要受上市时间先后，公司经营水平、发展规模及转型战略的影响。

2. 市场预期分析

市场预期的指标包括市盈率、市净率、市现率等，体现了市场对公司估值股票的高低。下文挑选出最有代表性的市盈率和市净率作为衡量标准，对10个出版业上市公司进行市场预期分析。

表2-13　10家公司市盈率和市净率指标

股票名称	市盈率	市净率	股票名称	市盈率	市净率
行业均值	31.75	3.03	—	—	—
博瑞传媒	34.77	3.3	皖新传媒	24.97	2.99
出版传媒	82.52	3.25	新华传媒	187.91	4.50

续表

股票名称	市盈率	市净率	股票名称	市盈率	市净率
华闻传媒	33.30	2.9	粤传媒	39.17	2.63
时代出版	23.65	2.31	中南传媒	26.84	3.04
天舟文化	57.7	3.67	中文传媒	24.79	2.52

注：本表中市盈率和市净率是基于10家公司2010—2014年年度报告整理而得的5年数据平均值。

（1）市盈率分析

截至2014年12月31日，上海A股的平均市盈率为15.91，深圳A股的平均市盈率为34.88。同时，我国新闻传媒行业平均市盈率为31.75，10家上市公司的市盈率基本高于市场平均水平。由此可见投资机构对我国传媒业上市公司有着良好的预期。其中，北方出版传媒、天舟文化和新华传媒更是有着超高的市盈率水平，说明市场对其的高估值。而时代出版、皖新传媒、中南传媒和中文传媒市盈率偏低，且均低于市场平均水平。

（2）市净率分析

截至2014年12月31日，上海A股的平均市净率为2.02，深圳A股的平均市净率为3.26。同时，我国新闻传媒行业平均市净率为3.03，10家上市公司的市净率基本高于市场平均水平。其中，新华传媒具有较高的市净率水平，表示了投资机构对其有着良好的预期。但同时华闻传媒、皖新传媒、粤传媒和中文传媒市净率偏低，且均低于市场平均水平。

3. 结论

本文选取的10家出版传媒类的上市公司基本代表了图书出版行

业的发展现状。从综合绩效总体上来看，出版类公司运营状况良好，偿债能力高，有较好的抗风险能力。但从另一角度看，出版类公司的资产负债率普遍较低，说明这些公司未能利用好财务杠杆来创造价值。而出版类公司普遍存在的问题就是应收账款及存货的管理效率不高，应该加强这方面的管理。并且由于大多数出版公司近几年正在寻找出路转型，还处于摸索阶段，传统出版业务被切掉一部分，新的业务还未能达到预期盈利模式，导致出版类上市公司的盈利能力不强，销售盈利水平较弱，成长能力较弱，且差距较大。较高的市盈率和市净率也体现了出版类上市公司有较大的发展空间。随着新媒体技术的发展，出版业可能会减少传统出版业务，依靠数字出版业务创收，不断开拓动漫、游戏、影视等业务板块。

第3章　实物期权决策方法

本章介绍了实物期权的基本类型和评估模型，并探讨了实物期权方法在出版社无形资产评价、数字出版投资决策及出版社信息系统软件升级决策中的应用。

3.1　实物期权的基本类型

在项目投资过程中，投资者往往具有灵活性，可以根据市场的变化，决定项目的投资时间、规模、方式等，甚至干脆终止项目的进行。投资过程中的这种灵活性被称为经营柔性，经营柔性的存在使得投资者在投资过程中具有某种相机的选择权，而无相应义务。Dixit 和 Pindyck 将这种选择权比作一种金融看涨期权（Call Option）。当新的信息获得以及关于投资收益不确定性渐渐得到解决，管理者时常具有改变初始经营策略的柔性。就金融期权而言，这种针对新信息采取的柔性通过改进潜力限制损失（相对于初始预期）来增强投资机会成本价值。类似于金融期权，项目投资中这种柔性被称为实物期权。

实物期权可以分别存在于投资者手中、投资项目之中和投资合约之中。一般，根据实物期权的特点可以将实物期权分为以下6种情形：推迟投资期权（the Option to Defer）、扩张投资期权（the Option to Change Scale）、收缩投资期权（the Option to Contract）、放弃期权（the Option to Abandon）、转换期权（the Option to Switch）、增长期权（the Option to Growth）。不同投资项目含有不同的实物期权，有的投资项目同时包含有几种实物期权。

1. 推迟投资期权

所谓推迟投资期权是指在进行不可逆、不确定的投资项目决策时，为解决现在时刻投资项目所面临的一些不确定性，投资者具有推迟投资的实物期权。对这类项目投资，投资者需要进行详细的前期投资分析，因为一旦项目投入运行，再回收投资就会造成很大的损失。目前，国际上通常采取推迟项目投资直到新的信息达到以及大量的不确定性得到解决时再进行具体的投资的方法来管理这类不可逆、不确定的投资项目。例如，在数字出版投资决策时，不可逆性来自于初始的软硬件投资成本等。

项目投资者可以利用投资项目所具有的推迟投资期权控制投资项目的损失。一般说来，包含推迟投资期权的项目的价值，要比传统 NPV 法估计的价值大。因此，一些被传统投资决策方法视为不可行的不可逆投资项目在使用实物期权方法评估时往往是可行的。

推迟投资期权在高科技企业、资源采掘业、新型药品制造企业和房地产开发业特别有价值，因为这些行业具有较高的不确定性和较长的投资周期，并且这些行业的投资具有不可逆性和投资大的特点。

2. 扩张投资期权

所谓扩张投资期权是指项目投资者有权在未来时间内扩张项目

的投资规模的实物期权，即未来时间内，如果项目投资收益较好，那么投资者具有扩张投资项目的投资规模的权利。

例如，如果投资者（出版社）在投资数字出版项目后，市场条件变得比较好（用户需求上升或销售成本降低等），则投资者通过扩张投资项目的规模，可以取得比开始预期更好的投资收益。

项目投资者可以利用扩张期权来充分挖掘未来的一些增长机会。扩张期权对项目投资者具有重要的战略意义。例如：当投资者在投资 Internet 销售渠道项目时，投资者具有未来的扩张期权，而这种期权只有当未来市场发展有利时才会被执行。

3. 收缩投资期权

与扩张投资期权相对应的是，收缩投资期权是项目投资者有权在未来的时间内压缩项目的投资规模的实物期权，也就是说，未来时间内，如果项目投资收益不好，那么投资者具有收缩投资项目的投资规模的权利。

例如，如果投资者（出版社）在投资数字出版项目后，市场条件变坏（用户需求下降或销售成本上升等），则投资者可以通过收缩投资项目规模，降低投资的风险。

4. 放弃期权

所谓放弃期权是指投资者有权放弃对项目继续投资的实物期权，也就是说，未来时间内，如果项目的收益不足以弥补投入的成本或市场条件变坏，那么投资者具有放弃对项目的继续投资的权利。

例如：可以将数字出版项目分为研发、产品推广等若干个投资阶段，如果市场条件变坏，那么投资者（出版社）有权放弃对项目继续投资，以控制继续投资可能造成的损失。这种类型的期权大多存在于研发密集型产业（特别是制药业），这些项目具有高度的不确定性、开发期长等特点。

5. 转换期权

所谓转换期权是指投资者有权在多种决策之间进行转换的实物期权，也就是说，在未来的时间内，项目投资者具有在多种决策之间进行转换的权利。

例如：在设计石油冶炼的设备时，投资者可以设计能够使用多种能源（如电力、油气等）进行石油冶炼的设备，这样投资者可以根据能源价格的变化情况，选择合适的能源，以降低成本。

转换期权蕴含在项目的初始设计之中。灵活的生产设备允许生产线很方便地在产品之间进行转换。因此，转换期权应该作为设备成本的一部分，传统的投资决策方法很难处理这类柔性投资策略，传统的投资决策工具不能处理那些相互依赖的投资决策。实物期权方法能帮助投资者更好地从可选的方案中进行选择。

6. 增长期权

所谓增长期权是指项目投资者有权进行新的投资的实权期权，也就是说，项目投资者获得初始的投资成功后，在未来时间内，投资者具有获得一些新的投资机会的权利。

对投资者来说，增长期权能够提供给其一些未来的投资机会，具有十分重要的战略意义。一些早期的投资（例如，对新产品的研发或实验性投资，对未开发土地或有潜在石油储备土地的租赁等投资）可以看作是一系列相关投资项目的前提。从某种角度看来，早期投资项目的价值与其说来自于其预期可以产生的现金流的价值，不如说来自于它所能够提供的未来增长机会的价值。

例如，公司目前进行的网络基础设施的投资是未来投资网络增值服务的基础，还有只有在软硬件平台（如计算机硬件和操作系统）投资了大量资金，公司才可能在这些平台上进行应用程序开发等。这类投资机会类似于期权的期权（项目间的复合期权），尽管净现值为负值，但是前期投资产生的基础设施、经验以及潜在的副产品可能是开发低成本或高质量的下一代产品的基础，甚至是产生完全新的应用的基础。除非公司做出最初的投资，否则不可能获得接下来的产品或其他的投资机会，公司独有的基础设施和经验将使公司在激烈的市场上获得相对的竞争优势。

增长期权存在于所有的基础设施投资项目、公司战略性的投资项目、跨国投资项目和战略性兼并的投资项目。

3.2 实物期权估计模型

期权的价值可利用 Black - Scholes 模型、Margrable 模型、二项式模型、动态规划方法或 Monte Carlo 模拟方法来评估。

3.2.1 Black - Scholes 模型

Black - Scholes 模型[1]最先由 F. Black 和 M. Scholes 在 1973 年提出，用公式表示如下：

$$C = SN(d_1) - K\mathrm{e}^{-rt}N(d_2)$$

$$d_1 = \frac{\ln(S/K) + (r + 0.5\sigma^2)t}{\sigma\sqrt{t}}$$

$$d_2 = d_1 - \sigma\sqrt{t}$$

式中：C——买权价值；

S——标的物现行市场价格，一般可从最新的金融报纸中得到；

K——履约价格，一般可从最新的金融报纸中得到；

r——无风险利率（按连续复利率计算），一般可采用与期权同时到期的政府国库券利率；

σ——标的物价格波动率（Volatility），一般是根据历史资料进行测定，应用回归模型对波动率趋势进行分析预测等；

t——期权距到期日的时间；

$N(d)$——标准正态分布的累积概率分布函数（即某一服从正态分布的变量小于 d 的概率）。

表 3－1 显示了使用 Black－Scholes 模型计算实物期权时，与金融期权有关参数的对照关系。

表 3－1　参数对照表

实物期权	变量	金融期权
预计现金流的折现值	S	标的物当前价格
投资成本	K	执行价格
资金的时间价值	r	无风险利率
决策可能推迟的时间长度	t	到期时间
项目的不确定性	σ	标的物价格的波动率

3.2.2　Margrable 模型

Margrable 模型[2]是 W. Margrable 在 1978 年提出的，用于计算一种风险资产交换另一种风险资产的期权价值，用公式表示为：

$$V = s_i N(d_1) - s_r N(d_2)$$

$$d_1 = \frac{\ln(s_i/s_r) + \frac{1}{2}\sigma^2(T-t)}{\sigma\sqrt{T-t}}$$

$$d_2 = d_1 - \sigma\sqrt{T-t}$$

$$\sigma^2 = \sigma_i^2 + \sigma_r^2 + 2\sigma_i\sigma_r\rho_{ir}$$

式中：V——期权价值，即表示用预期收益为 s_i 的资产交换预期收益为 s_r 的资产的期权在时刻 t 时的价值；

s_i——交换资产的预期收益，就 IT 项目而言，s_i 为 IT 项目成本；

s_r——被交换资产的预期收益，就 IT 项目而言，s_r为 IT 项目收益；

σ_i——表示s_i 的变化率的标准差；

σ_r——表示s_r的变化率的标准差；

ρ_{ir}——s_i 和s_r相关系数。

T——期权执行时间；

$N(d)$——标准正态分布的累积概率分布函数（即某一服从正态分布的变量小于 d 的概率）。

3.2.3　二项式模型[3]

假定标的物价值 V 遵循图 3－1 所示的二项式扩散过程。

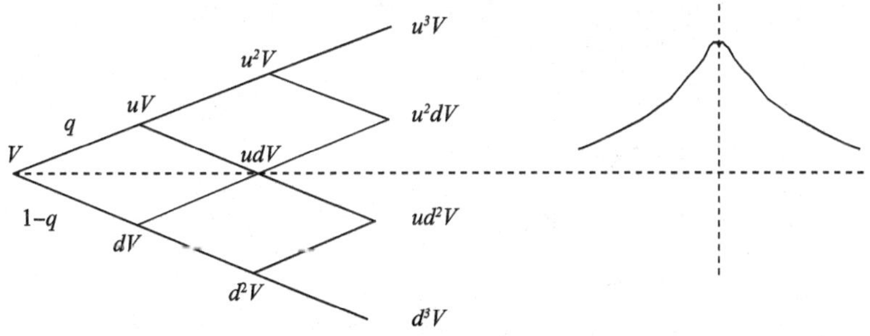

图 3－1　标的物的价值波动示意图

图 3－2 显示了期权价值的变化。

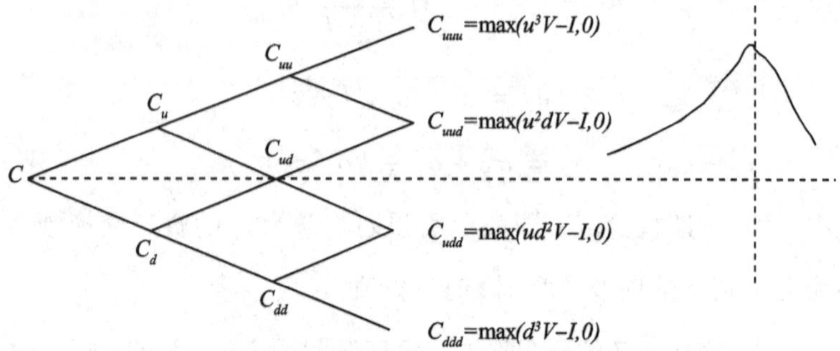

图 3－2　期权价值变化示意图

在总时间区间数为 1 时，期权价值 C 计算公式为：

$$C = \frac{p C_u + (1-p) C_d}{1+r} = \frac{p\max(0, uV - I) + (1-p)\max(0, dV - I)}{1+r}$$

在总时间区间数为 n 时，期权价值 C 计算公式为：

$$C = e^{-nr\Delta t} \sum_{j=0}^{n} \left[\frac{n!}{j!(n-j)!}\right] p^j (1-p)^{n-j} \max[0, u^j d^{n-j} S - K]$$

式中：C——期权价值；

C_u——上涨时期权价值；

C_d——下跌时期权价值；

S——标的物的价值；

u——上涨幅度；

d——下跌幅度；

r——无风险利率；

Δt——期间间隔；

n——总时间区间数；

K——执行价格；

p——风险中性概率，$p = \frac{e^{r\Delta t} - d}{u - d}$。

一般 Black－Scholes 模型用于仅收益不确定的情形，而 Margrable 模型则应用于收益和成本均不确定的情形，Cox[4] 证明 $n \to \infty$ 时，二项式模型实质上是一个 Black－Scholes 模型。

3.2.4　动态规划方法

实际中，许多期权价值并不能用前面所给的模型计算得到，此时可以利用动态规划的方法来建立计算期权价值的模型。动态规划方法一般用于多阶段决策，其基本思想是将整个决策过程分为两个部分：即期决策和后续选择。为了得到最优决策序列，可以利用回溯法从最后一个阶段入手，先找到这个阶段的最优决策，然后向后回溯，求得前一阶段的最优决策。

因此在应用动态规划方法求解时，首先要建立投资问题对应的贝尔曼方程，动态规划一般用贝尔曼方程来表示，可表示为：

$$F_t(x_t) = \max_{u_t}\left\{\pi(x_t,u_t) + \frac{1}{1+\rho}E_t(F_{t+1}(x_{t+1}))\right\}$$

$\pi(x_t,u_t)$ 为即期决策利润，$F_{t+1}(x_{t+1})$ 为阶段 $t+1$ 时最优决策结果，$F_t(x_t)$ 为阶段 t 时最优决策结果。由于在时刻 t 看来，$F_{t+1}(x_{t+1})$ 为随机变量，因此必须对它有期望值和 ρ 贴现率。

其次要利用 Ito（伊藤）引理求解不确定积分。

设 $x(t)$ 为 Ito（伊藤）过程，则：

$$dx = a(x,t)dt + b(x,t)dz$$

函数 $F(x,t)$ 对 x 至少二阶可微，对 t 至少一阶可微

$$dF = \left[\frac{\partial F}{\partial t} + a(x,t)\frac{\partial F}{\partial x} + \frac{1}{2}b^2(x,t)\frac{\partial^2 F}{\partial x^2}\right]dt + b(x,t)\frac{\partial F}{\partial x}dz$$

此即为 Ito（伊藤）引理。

Dixit 和 Pindyck 合著的《Investment Under Uncertainty》[5] 对这

方面做了详细介绍，这里不再赘述。此外这两位作者指出利用动态规划方法和无套利均衡方法可以得到相同的投资问题模型。

3.2.5 期权的 Monte Carlo 模拟技术

当期权价值不能用特定模型或通过动态规划求解时，可以采用 Monte Carlo 模拟技术来计算期权价值。主要思想如下：

假定标的物遵循如下几何布朗运动：

$$dS = \mu S dt + \sigma S dz$$

首先，决定每次模拟的时间阶数 $N = \lceil T/\Delta t \rfloor$ 和初始值 S_0；

其次，建立变化方程：

$$S(t + \Delta t) - S(t) = \mu S(t)\Delta t + \sigma S(t)\varepsilon\sqrt{\Delta t} \qquad (3.1)$$

$\varepsilon \propto N(0, 1)$，利用随机数生成。

由 Ito 引理，扩散过程 $\ln S$ 为：

$$d\ln S = \left[\mu - \frac{\sigma^2}{2}\right]dt + \sigma dz$$

于是

$$S(t + \Delta t) = S(t)\left[\exp\left(\mu - \frac{\sigma^2}{2}\right)\Delta t + \sigma\varepsilon\sqrt{\Delta t}\right] \qquad (3.2)$$

只有当方程（3.1）中的 $\Delta t \to 0$ 正确时，方程（3.2）中 Δt 才都正确（Hull，1997）。

如果在 ROA 模型中有两个状态变量，且两者相关，则必须产生相关样品。两个相关样品ε_1，ε_2 的产生过程如下：

U_1，U_2 是服从（0，1）上的均匀分布的两个独立的随机变量。

$$x_1 = \sqrt{-2\ln U_1}\cos(2\pi U_2)$$

$$x_2 = \sqrt{-2\ln U_2}\cos(2\pi U_1)$$

$$\varepsilon_1 = x_1$$

$$\varepsilon_2 = \rho x_1 + x_2 \sqrt{1-\rho}$$

最后，计算期权价值

$$S_i = S_{i-1} + \mathrm{d}S_i$$

$$C_{N,k} = \max(S_{N,k} - X, 0)$$

$$C_{0,k} = \mathrm{e}^{-r_f T}$$

式中：k——模拟次数指标。

3.3　实物期权方法在出版项目投资决策中的应用

本节主要探讨实物期权方法在 IT 开发项目评估、软件升级和网络扩张机会价值分析中的应用。

3.3.1　基于实物期权的出版社无形资产评价

1. 出版社无形资产的含义及特点

中国注册会计师协会所颁布的《资产评估准则——无形资产》[6]将无形资产定义为特定主体所拥有或控制的，不具有实物形态，对生产经营长期发挥作用且能带来经济利益的资源。无形资产包括专利权、专有技术、商标权、著作权、土地使用权、特许权、商誉等。具体对出版社来说，无形资产包括出版社的声誉、出版合同、作者群、同行关系、职工素质、版权、商标等。

一般说来，出版社无形资产不同于有形资产，具有如下特点：

一是无形性。出版社无形资产是在出版活动中逐渐形成的在经营管理、技术、产品、营销等方面与同行的差异，是对出版社所拥有的权利、能力、关系、信誉等的反映，具有无形性。

二是不确定性。出版社无形资产难以准确衡量、比较和计算。在物化过程中，不同类型的无形资产能够为实体带来的收益大小也是不确定的，因此无形资产的价值具有不确定性。

三是独占性。出版社取得的版权、专利权、商标权等权利为本社所独有，受法律保护。未经许可，他人不得使用。转让和许可使用这些权利会为出版社带来丰厚的收益。

四是管理柔性。出版社在出版活动中可以使用、转让和许可使用版权、专利权、商标权等权利，而无相应义务，即具有管理柔性。

2. 出版社无形资产评价的传统方法

传统的无形资产评估方法主要有市场法、收益法和成本法[7,8]。市场法是一种根据资产评估中的替代原理，利用市场上同样或类似资产的信息，采用对比分析调整等技术手段来评估资产价值的方法。收益法是一种根据“将利求本”的思路，通过估计被评估无形资产的未来预期收益现值，来确定无形资产价值的方法。成本法是一种利用重建或重新取得全新无形资产的费用，扣除被评估对象业已存在的时间性、功能性和经济性贬值因素而得到评估价值的方法。

在对无形资产进行评估时，以上三种方法都存在着明显的不足。成本法往往受到重置条件的限制，不能反映无形资产使用过程中的价值积累因素；同时，成本法和市场法未能体现无形资产所具有的超额获利能力；收益法虽然可以反映超额获利“能力”，但不能反映无形资产的历史成本及使用过程中的价值积累因素，同时往往要求被评估无形资产的未来预期收益、风险、获利年限必须是可以预测。因此，该方法适用于评价期限短、不确定性小的投资项目，对不确定性的无形资产项目的投资评估不适合。

3. 实物期权方法在出版社无形资产评价中的应用

以下以商标权为例，阐述如何使用二项式模型计算出版社无形资产的期权价值。

假设有A和B两家出版社，其中A出版社实力要强于B出版社。经过多年的经营，B出版社与A出版社保持着良好的信任关系，并能以一定代价联合A出版社出版一系列书籍，即B出版社负责具体的出版工作，在出版物上同时印上A出版社和B出版社的名称。这种出版行为，对B出版社来说，是外购商标权的行为，对A出版社来说，是出售商标权的行为。从投资角度来说，对B出版社来说，如果外购商标权的支付费用小于商标权带来的收益，则外购是值得的；而对A出版社来说，如果出售商标权的收益大于自行出版所得收益，则出售是值得的。由于市场的不确定性，因此出版物的收益也是不确定的，下面具体举例说明如何计算商标权的期权价值。

初始投资 $I_0 = 104$，出版物的价值在未来具有不确定性，一年后，市场条件好时，出版物的市场价值为 $V_u = 180$，$u = 1.8$；市场条件不好时，出版物的市场价值为 $V_d = 60$，$d = 0.6$。假设一年后市场条件好的概率和市场条件不好的概率相等，即都为50%。

图3－3描述了出版物的市场价值变化状况。

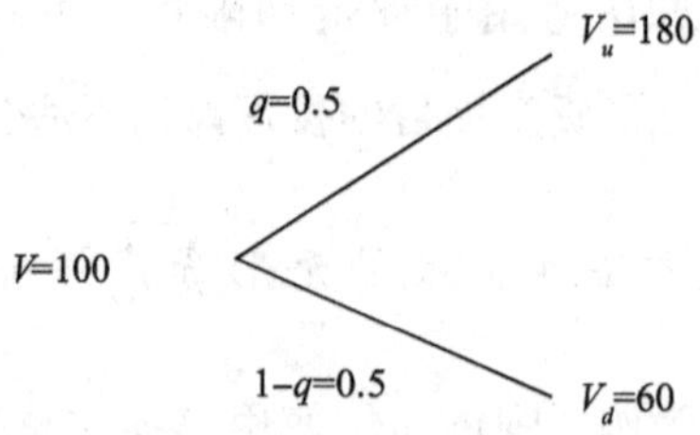

图 3-3　标的物的价值波动示意图

假定无风险利率 $r_f = 0.08$，贴现率 $k = 0.2$。

首先，应用传统的 NPV 法，计算该投资项目的价值为：

$$V_0 = \frac{qV_u + (1-q)V_d}{1+k} = \frac{0.5 \times 180 + 0.5 \times 60}{1+0.2} = 100$$

因此，投资项目的净现值 NPV 为：

$$NPV = V_0 - I_0 = 100 - 104 = -4$$

计算结果表明，对 B 出版社来说，外购商标权进行出版的投资项目（以下简称投资项目）的净现值为负值，因此，按照传统的投资评估方法，应该放弃对该投资项目的投资。但是，如果考虑到该投资项目投资过程中所具有的诸如推迟、放弃等实物期权，这种结论就不一定正确。以下分析在考虑含有推迟、压缩、扩张和放弃期权情况下，该投资项目的价值和投资决策。

（1）推迟期权的计算

假设在一年后，B 出版社有权决定是否对该项目进行投资。B 出版社所具有的这个权利就是对该项目的推迟期权。一年以后市场情况好，则 B 出版社可以决定投资；相反，如果市场情况不好，则 B 出版社可以放弃投资。因此，B 出版社所具有的这种推迟期权好比对项目价值的一个看涨期权。下面用二项式模型计算推迟期权价值。

当市场条件好时，一年后推迟期权的价值为：

$$I_1 = (1 + r_f)I_0$$

$$D_u = \max(V_u - I_1, 0) = \max(180 - 112.32, 0) = 67.68$$

当市场条件不好时，一年后推迟期权的价值为：

$$D_d = \max(V_d - I_1, 0) = \max(60 - 113.32, 0) = 0$$

风险中性概率 p：

$$p = \frac{(1 + r_f) - d}{u - d} = 0.4$$

利用二项式期权定价模型，含有推迟期权投资项目的价值 D 为：

$$D = \frac{pD_u + (1 - p)D_d}{1 + r_f} = \frac{0.4 \times 67.68 + 0.6 \times 0}{1 + 0.08} = 25.07$$

上述计算结果表明：具有推迟期权的投资项目的价值为25.07，推迟期权的价值为25.07 - (- 4) = 29.07。因此，尽管按照传统NPV法计算得到的投资项目的NPV为负值，但不能永远放弃对该项目的投资。

(2) 扩张期权的计算

当投资于某一项目后，在项目的生命周期内，B出版社可以根据市场的状况，随时调整投资的规模。当市场条件好时，B出版社加大外购商标权投资，扩大联合出版书籍的规模。因此，从另外的角度来看，B出版社目前的投资一方面是为获得当前投资的收益，另一方面是为获得未来的一些投资机会。B出版社所具有的这种权利称为扩张期权。以下来计算投资项目所具有的扩张期权价值。

接上面的例子，假设一年后，如果市场条件好，B出版社有权再投资 $I = 80$，使得投资项目的价值翻一番，即投资项目的价值变为 $2V$，即扩张倍数 $e = 2$。因此B出版社所具有的这种扩张权，有如金融期权的看涨期权。

一年后，当市场条件好时，项目投资机会的价值为：

$$E_u = \max(V_u, eV_u - I) = \max(180, 360 - 80) = 280$$

一年后，当市场条件不好时，项目投资机会的价值为：

$$E_d = \max(V_d, eV_d - I) = \max(60, 120 - 80) = 60$$

考虑到投资项目具有扩张期权的价值为：

$$E = \frac{pE_u + (1-p)E_d}{1+r_f} - I_0 = \frac{0.4 \times 280 + 0.6 \times 60}{1 + 0.08} - 104 = 33.04$$

计算结果表明：具有扩张期权的投资项目的价值为33.04，扩张期权的价值为：33.04 − (−4) = 37.04。所以，尽管按照传统NPV法计算得到的投资项目的NPV为负值，但如果考虑到投资项目扩张期权的价值，放弃该投资项目的决策是不明智的。

（3）收缩期权价值的计算

投资于某项目后，在项目的生命周期内，投资者可以根据市场的状况，随时调整投资的规模，当市场条件不好时，投资者可以压缩投资规模。投资者所具有的这种权利称为收缩期权。以下举例说明如何计算投资项目所具有的收缩期权价值。

假设B出版社可以将初始时刻的投资$I_0 = 104$，分两次投入，其中，在初始时刻B出版社必须投入$I_0 = 50$，剩余的$I_1 = 58.32$[54 × (1 + 8%)]可以在一年后投入，并且在一年后B出版社有对投资项目进行压缩的权利，即在一年后，如果市场条件不好，B出版社可以只投入$I' = 25$，最终将项目的价值缩小50%，压缩比率$c = 1/2$。由于B出版社具有的这种收缩权能够避免损失，所以收缩权具有一定的价值。

下面我们考虑具有这种收缩期权后投资项目的投资机会价值。

一年后，当市场条件好时，项目投资机会的价值为：

$$C_u = \max(V_u - I_1, cV_u - I')$$
$$= \max(180 - 58.32, 90 - 25) = 121.68$$

一年后，当市场条件不好时，项目投资机会的价值为：

$$C_d = \max(V_d - I_1, cV_d - I') = \max(60 - 58.32, 30 - 25) = 5$$

考虑到投资项目具有收缩期权的价值为：

$$C = \frac{pC_u + (1 - p)C_d}{1 + r_f} - I_0$$
$$= \frac{0.4 \times 121.68 + 0.6 \times 5}{1 + 0.08} - 50 = -2.16$$

上述计算结果表明：具有收缩期权的投资项目的价值为 -2.16，收缩期权的价值为 -2.16 - (-4) = 1.84。因此，B 出版社具有的这种收缩期权能够避免损失，收缩期权具有正的价值。

（4）放弃期权价值的计算

当投资于某一项目后，在项目的生命周期内，投资者可以根据市场的状况，随时放弃投资项目；放弃投资项目后，投资者可以获得投资项目的残值。投资者所具有的这种权利称为放弃期权。

以下举例说明如何计算具有放弃期权的投资项目的价值。

实际上，投资者所具有的放弃期权就是有权选择投资项目的市场价值和放弃项目残值两者之间价值大者。我们用 L 表示项目的残值，假设市场条件好时，一年后项目的残值为 $L_u = 127.5$；当市场条件不好时，项目的残值为 $L_d = 68$。下面我们考虑这种放弃期权后投资项目的投资机会价值。

一年后，当市场条件好时，项目投资机会的价值为：

$$A_u = \max(V_u, L_u) = \max(180, 127.5) = 180$$

一年后，当市场条件不好时，项目投资机会的价值为：

$$A_d = \max(V_d, L_d) = \max(60, 68) = 68$$

所以，考虑放弃期权时，投资项目的价值为：

$$A = \frac{pA_u + (1-p)A_d}{1+r_f} - I_0 = \frac{0.4 \times 180 + 0.6 \times 68}{1+0.08} - 104 = 0.44$$

上述计算结果表明：具有放弃期权的投资项目价值为0.44，放弃期权的价值为0.44－(－4)=4.44。

4. 结语

出版社是出版书等出版物的特殊企业，无形资产是其生存和发展的基本条件，也是其赖以生存的不可或缺的主要资产。因此，对出版社来说，如何合理评估、管理和利用无形资产变得尤其重要。基于出版社无形资产的特点，采用传统的无形资产评价方法具有一定的局限性。对具有不确定性和管理柔性的出版社无形资产来说，采用实物期权方法进行价值评估是一种合适的选择。

3.3.2 出版社数字出版投资决策的实物期权分析

近几年，出版社已从事业型单位转变为企业型单位。由于转制前，出版社强调的是社会效益而忽视经济效益，因此很少考虑出版项目的决策及评价，学者对决策方法在出版行业的应用研究也较少。但转制以后，出版社不得不面临一系列的决策和评价。面临一个不确定的竞争环境时，出版社采用传统决策方法（如 NPV 方法）进行决策评价会存在一定问题，因为这类方法忽视了管理柔性。管理柔性使得决策者有权基于实际情况采取等待、扩张、压缩甚至放弃等行为。此时采用实物期权方法进行决策分析是必要的。本研究将探讨实物期权方法在数字出版投资决策中的应用。

1. 数字出版投资的特点

近年来，伴随着计算机技术、网络通信技术和数字化技术的不断创新与快速发展，数字出版得到了迅速发展。《2012—2013 中国数字出版产业年度报告》[9] 指出，2012 年国内数字出版产业整体收入规模为 1935. 49 亿元，比 2011 年整体收入增长了 40. 47%。其中，互联网期刊收入达 10. 83 亿元，电子书（含网络原创出版物）达 31 亿元，数字报纸（不含手机报）达 15. 9 亿元，博客达 40 亿元，在线音乐达 18. 2 亿元，网络动漫达 10. 36 亿元，手机出版（含手机彩铃、铃音、手机游戏等）达 486. 5 亿元，网络游戏达 569. 6 亿元，互联网广告达 753. 1 亿元。新闻出版总署于 2010 年 8 月下发《关于加快我国数字出版产业发展的若干意见》，要求到 2020 年，传统出版单位基本完成数字化转型。国务院《关于促进信息消费扩大内需的若干意见》（国发〔2013〕32 号）指出要大力发展数字出版等数字文化内容的消费。因此出版社数字化是必然的趋势。但是因受传统历史、盈利模式不确定等多种因素的影响，国内出版社转型路径应有所差异。从投资决策角度看，有些出版社可能需要延期转型，有些可能要加快转型，有些甚至可能要减缓转型步骤。

从某种意义上讲，数字出版投资是一种将信息技术应用于出版领域的高科技投资，这类投资一般具有如下特点：(1) 收益的不确定性。数字出版投资可以改进出版社内部通信，改进业务流程，提高竞争能力，但其盈利模式不明朗，收益存在不确定性。(2) 不可逆性。出版社一旦将资金投入到数字出版项目后，就不可能毫无损失地收回投资。(3) 柔性。在数字出版项目投资过程中，出版社往往具有灵活性，可以根据市场的变化，决定项目的投资时间、规模、方式等，甚至干脆终止项目的进行。(4) 平台投资。平台投资产生了有价值的后续或有投资机会。数字出版投资就是典型的平台投资，因为它的价值来源于后续开发所需要的产品。(5) 学习型投资。通过学习型投资能获得其他方法无法获得的信息。数字出版投资的实施除了带来一定的净现金流外，还会带来其他无形的收益：如通过投资，培养和锻炼一批管理和技术人才；又如通过投资，出版社在该领域赢得了一定的知名度，从而为在该领域继续追加投资或在相关领域的追加投资提供了可能或便利。

因此，数字出版投资具有战略意义，采用传统投资决策方法可能会误导决策者，使用实物期权方法进行分析将有助于决策者进行科学决策。

2. 基于实物期权方法的数字出版投资分析

出于风险和单位实际等因素考虑，出版社进行数字出版项目投资往往是分期、分阶段进行的，在每个阶段结束时，进行风险分析，以决定是否进行下一阶段的投资，在项目不同阶段可采取不同的期权以规避风险。在项目周期中，决策者具有延迟期权、放弃期权、压缩期权和扩张期权。

首先，在项目开始前，决策者具有延迟期权即延迟项目开始的选择权。当延迟产生的额外的信息（如更完整的项目说明信息）能解决不确定性时，可执行延迟期权。

其次，在项目进行中，决策者可具有如下期权：(1) 延迟期权。如果期待新的信息以解决不确定性，则可以延迟下一阶段开始。(2) 放弃期权。如果条件不利于项目继续进行，则可以放弃项目。(3) 压缩期权或扩张期权，即压缩或扩张项目规模的选择权。

最后，在项目结束时，决策者有项目扩张的期权，即扩张项目规模的选择权。

以下举例对比分析 NPV 方法和实物期权方法在评价结果上的差异。

【实例】假设一个数字出版项目需要 3 年完成，分两阶段实施，其中阶段 1 花费 1 年用于需求分析和可行性研究，阶段 2 花费 2 年用于应用设计和应用开发。假设需求分析和可行性研究的预期成本为 5 万，应用设计和开发的预期成本为 20 万，预期收益为 30 万。无风险利率为 7%，波动率为 30%。以下分析扩张期权的价值。

分析：投资项目阶段 1 可以导致投资阶段 2 的期权（扩张期权）。项目阶段 2 只有在条件有利时启动。在这里，假设投资阶段 1 的 5 万投资可能导致一个扩张期权，即用 1 年后追加投资 20 万的投资换取 30 万的预期收益。

从期权的角度分析，上述情景等同于投资 5 万用于需求分析和可行性研究以获得 1 年后投资 20 万（用于应用设计和应用开发）获得收益 30 万的期权。

$$NPV = 30 - 5 - 20 = 5$$

利用 Black - Scholes 模型计算得到

$$期权价值 = 11.63$$

按实物期权方法计算得到的净收益

$$净收益 = 11.63 - 5 = 6.63$$

从上面计算可以看到，使用 Black - Scholes 模型计算的结果（6.63）一般比 NPV 方法计算的结果（5）大，这是因为 NPV 方法没有考虑项目的柔性，柔性实际上就是一种选择权。在其他条件相同的情况下，具有柔性的项目具有更大的价值。由此可以看出，一些使用 NPV 方法评价时可能是不值得投资的项目，而使用实物期权方法评价时可能具有较大的投资价值。决策者在进行投资决策时，借鉴实物期权方法分析的结果是必要的。

3. 结语

数字出版投资具有不确定性、不可逆性、时机选择等特点，对出版社具有战略意义。传统投资决策方法因其自身的局限性，往往忽视管理柔性的价值，可能会低估这类投资的价值。使用实物期权方法来分析这类投资将有助于决策者做出正确选择。

3.3.3 出版社信息系统软件升级的实物期权分析

出版社信息系统软件项目开发中包含有许多期权，如延迟期权、升级期权、转换期权和终止期权等。本节利用实物期权思想来探讨升级期权。

1. 模型说明

情景假设：现考虑一个具备两个阶段的软件升级决策。阶段 1 提供基本功能 u_1，客户数为 q_1；阶段 2 根据市场情况来决定是否升级，提供功能为 u_2，新增客户数为 q_2。$u_2 > u_1$ 时表示产品升级，$u_2 = u_1$ 时表示产品没有升级。这里假定 q_1 是已知的，q_2 服从［$\mu - \varphi$，$\mu + \varphi$］上的均匀分布，均值为 μ，标准差为 σ（$= \varphi/\sqrt{3}$），均已知。

（1）开发成本 $C_i = ku_i{}^2$，u 为功能点数。

（2）客户净剩余：$U = u + \beta \cdot q - c$，$\beta$ 为网络效应，q 为使用软件的客户总数。假定新老客户初次使用成本相等均为 c，升级时老客户需要追加使用成本 c_u。

（3）公司利润：公司利润 π 由阶段1利润 π_1 和阶段2的预期利润 $E(\pi_2)$ 组成。

$\pi = \pi_1 + \delta E(\pi_2)$，$\delta$ 为折扣因子。

2. 基本情形：阶段2不升级

此时 $u_1 = u_2 = u$

老客户的总效用为：

$$U_{\text{old}} = (1+\delta)(u_1 + \beta \cdot q_1) + \delta \cdot \beta \cdot \mu - c$$

新客户的总效用为：

$$U_{\text{new}} = u + \beta \cdot (q_1 + q_2) - c$$

假定公司通过价格设置获取全部客户净剩余。则公司利润为：

$$\begin{aligned}\pi_{\text{base}} &= (1+\delta)[(u+\beta \cdot q_1) + \delta \cdot \beta \cdot \mu - c] \cdot q_1 + \\ &\quad \delta E_{q_2}[(u + \beta \cdot (q_1 + q_2) - c) \cdot q_2] - k \cdot u^2 \\ &= (1+\delta)[(u+\beta \cdot q_1) + \delta \cdot \beta \cdot \mu - c] \cdot q_1 + \\ &\quad \delta[(u + \beta \cdot q_1 - c) \cdot \mu + \beta \cdot (\mu^2 + \sigma^2)] - k \cdot u^2\end{aligned}$$

$$u_1^{\text{base}} = \frac{(1+\delta)q_1 + \delta\mu}{2k}$$

3. 升级情形：阶段2升级

$$\pi_{\text{update}} = \pi_{\text{base}} + \delta \pi_{\Delta}$$

$$\pi_{\Delta} = \int_{q_2^L}^{\infty} [(q_1 + q)(u_2 - u_1) - c_u \cdot q_1 - k \cdot (u_2^2 - u_1^2)] f(q) dq$$

q_2^L 为公司提供升级的最低阈值。当 $q_2 \geq q_2^L$ 时，公司提供产品升级。

$$h = (q_1 + q_2)(u_2 - u_1) - c_u \cdot q_1 - k \cdot (u_2^2 - u_1^2)$$

$$\frac{\partial h}{\partial u_2} = q_1 + q_2 - 2u_2 = 0 \qquad u_2^* = \frac{q_1 + q_2}{2k}$$

显然二阶条件满足：

$$\frac{\partial^2 h}{\partial u_2^2} = -2 < 0$$

$$h = \frac{(q_1 + q)^2}{4k} - (q_1 + q)u_1 - c_u \cdot q_1 + k \cdot u_1^2$$

令 $h=0$，得到

$$q_1 + q_2^L = 2ku_1 + 2\sqrt{kc_u q_1}$$

$$\pi_\Delta = \int_{q_2^L}^{\infty}\Big[\frac{(q_1 + q)^2}{4k} - (q_1 + q)u_1 - c_u \cdot q_1 + k \cdot u_1^2\Big]f(q)dq$$

$$= \frac{1}{2\varphi}\Big[-\frac{(q_1 + q_2^L)^3 - (q_1 + \mu + \varphi)^3}{12k} +$$

$$\frac{(q_1 + q_2^L)^2 - (q_1 + \mu + \varphi)^2}{2}u_1 +$$

$$(ku_1^2 - c_u q_1)(\mu + \varphi - q_2^L)\Big] \frac{\partial \pi_{\text{update}}}{\partial u_1} = 0$$

$$2ku_1 = (1 + \delta)q_1 + \delta\mu + \frac{\delta}{2\varphi}\Big[\frac{(q_1 + q_2^L)^2 - (q_1 + \mu + \varphi)^2}{2} +$$

$$2ku_1(\mu + \varphi - q_2^L)\Big]$$

结论：

(1) $q_2 \geqslant q_2^L = 2ku_1 + 2\sqrt{kc_u q_1} - q_1$ 时，公司提供升级。

此时，若 $\delta \cdot [(\mu + \varphi - q_2^L) + 2\sqrt{kc_u q_1}] - 2\varphi < 0$

$$\frac{\partial^2 \pi_{\text{update}}}{\partial u_1^2} = \frac{\delta \cdot k((\mu + \varphi - q_2^L) + 2\sqrt{kc_u q_1}) - 2k\varphi}{\varphi} < 0$$

那么，相比不提供升级情形，公司利润最大化时，第一阶段只需提供较少的功能点数。这也是为什么许多软件公司不断提供升级的理由所在。

$$u_1^{\text{base}} = \frac{1}{2k}[(1+\delta)q_1 + \delta\mu]$$

$$u_1^{\text{update}} = u_1^{\text{base}} + \frac{1}{2k}\left[\frac{\delta}{2\varphi}\left(\frac{T_1 \cdot T_2}{2}\right)\right]$$

$$T_1 = 2\sqrt{kc_u q_1} - (q_1 + \mu + \varphi - 2ku_1) < 0$$

$$T_2 = 2\sqrt{kc_u q_1} + (q_1 + \mu + \varphi - 2ku_1) > 0$$

u_1^{base} 为不提供升级情形下，公司利润最大化时，第一阶段提供的功能点数。u_1^{update} 为提供升级情形下，公司利润最大化时，第一阶段提供的功能点数。

（2）公司软件升级阈值 q_2^L 是 k 的增函数，$\frac{\mathrm{d}q_2^L}{\mathrm{d}k}>0$。

该结果表明，当 k 增加时，此时开发软件变得更加昂贵，只有在市场规模增长相当大时，提供升级才具有意义。

$$q_1 + q_2^L = 2ku_1 + 2\sqrt{kc_u q_1}$$

参考文献

[1] Bengtsson Jens. Manufacturing flexibility and real options—A review [J]. International Journal of Production Economics, 2001 (74): 213 - 224.

[2] Margrable W. The value ot an option to exchange one asset for another [J]. Journal of Finance, 1978, 1 (33): 177 - 186.

[3] Bernardo Antonio E.. Chowdhry Bhagwan. Resources, real options, and corporate strategy [J]. Journal of Economic Dynamics and Control, 2002 (27): 329 - 355.

[4] Cox J. C., Ross S. A., Rubinstein M.. Option pricing: a simplified approach [J]. Journal of Financial Economics, 1979 (7): 229 - 263.

[5] Dixit A, Pindyck R S. Investment under uncertainty [M]. Princeton University Press, 1994.

[6] 中国注册会计师. 资产评估准则——无形资产 [Z]. 2001.

[7] 中国资产评估协会. 资产评估准则——无形资产 [Z]. 2009.

[8] 刘德运, 等. 无形资产评估 [M]. 北京: 中国财政经济出版社, 2010.

[9] 郝振省. 2012—2013 中国数字出版产业年度报告 [M]. 北京: 中国书籍出版社, 2014.

第4章　基于DEA的出版社评价

本章介绍了DEA方法的基本思想，探讨了DEA方法在出版上市公司相对有效性评价中的应用和DEA方法在出版上市公司相对有效性评价动态分析中的应用。

4.1　DEA方法的基本原理[1-3]

4.1.1　DEA概述

DEA（Data Envelopment Analysis）方法，又称为数据包络分析方法，是美国著名运筹学家查恩斯（A. Charnes）和库伯（W. W. Cooper）教授于1978年首先提出的。DEA方法是对多指标投入和多指标产出的相同类型部门，进行相对有效性综合评价的一种新方法，也是研究多投入和多产出生产函数的有力工具。随着理论研究的不断深入，在管理实际中的应用越来越广泛。近年来，DEA方法在我国社会经济的许多领域取得了应用成果，如经济效益综合评价、企业技术进步分析、投资项目评价等。

相对于模糊综合评价法、层次分析法和随机前沿分析法等其他绩效评价方法而言，DEA的优点在于非参数估计及最优效率评价指数与输入和输出变量量纲选取无关，这也使其应用更为方便；同时，DEA 规避了参数方法的多种限制，利用线性规划来判断决策单元对应的点是否位于有效生产前沿面上，以衡量各决策单元的生产效率。采用 DEA 方法对上市公司经营绩效进行评价，可以有效地避免财务指标评价方法和主成分分析法的不足，在不需要预先知道投入产出指标之间的显著性函数关系和预先计算投入产出综合比率的前提下，可以更客观有效地对同类企业的效率做出评价。

最基本的 DEA 模型是 C^2R 模型，并在此模型基础上发展演变出多种模型。这里重点介绍 C^2R 模型，有关其他模型可参考文献 1。

4.1.2 C^2R 模型及其基本性质

1. C^2R 模型

设有 n 个部门或企业，称为 n 个决策单元，每个决策单元都有 m 种投入和 p 种产出，分别用不同的经济指标表示。这样，由 n 个决策单元构成多指标投入和多指标产出的评价系统。

C^2R 模型用于评价第 j_0 个决策单元的有效性，是相对于其他决策单元而言的。其对应的等价的线性规划问题（P）及对偶规划问题（D）为：

$$(P)\begin{cases}\max V_P = \mu^{\mathrm{T}} y_0 \\ \text{s.t. } \omega^{\mathrm{T}} x_j - \mu^{\mathrm{T}} y_j \geqslant 0 (1 \leqslant j \leqslant n) \\ \omega^{\mathrm{T}} x_0 = 1 \\ \omega \geqslant 0, \mu \geqslant 0\end{cases}$$

$$(D)\begin{cases}\min V_D = \theta \\ \text{s. t. } \sum_{j=1}^{n} x_j \lambda_j + s^- = \theta x_0 \\ \sum_{j=1}^{n} y_j \lambda_j - s^+ = y_0 \\ \lambda_j \geqslant 0 (1 \leqslant j \leqslant n) \\ s^+ \geqslant 0 \\ s^- \geqslant 0 \end{cases}$$

其中，$x_j = (x_{1j}, x_{2j}, \cdots, x_{mj})^T, y_j = (y_{1j}, y_{2j}, \cdots, y_{pj})^T$；松弛变量 $s^- = (s_1^-, s_2^-, \cdots, s_m^-)^T, s^+ = (s_1^+, s_2^+, \cdots, s_p^+)^T$

2. 评价系统的 DEA 有效性

用模型（P）给出评价决策单元j_0 为 DEA 有效的定义。

【定义 1】 如果线性规划问题（P）的最优解ω^0，μ^0 满足条件 $V_P = \mu^{0T} y_0 = 1$，则称决策单元j_0 为弱 DEA 有效。

【定义 2】 如果线性规划问题（P）的最优解ω^0，μ^0 满足条件 $V_P = \mu^{0T} y_0 = 1$，并且$\omega^0 > 1$，$\mu^0 > 1$，则称决策单元j_0 为 DEA 有效。

【定理 1】 线性规划（P）及其对偶规划（D）都有可行解，因而都有最优解，并且最优值 $V_P = V_D \leqslant 1$。

【定理 2】 关于对偶规划（D），有

（1）如果（D）的最优值 $V_D = 1$，则决策单元j_0 为弱 DEA 有效；反之亦然。

（2）如果（D）的最优值 $V_D = 1$，并且每个最优解$\lambda^0 = (\lambda_1^0, \lambda_2^0, \cdots, \lambda_n^0)^T$，$s^{0-}$，$s^{0+}$，$\theta^0$ 都满足条件 $s^{0-} = 0$，$s^{0+} = 0$，则决策单元 j_0 为 DEA 有效；反之亦然。

在实际应用中，评价系统的投入和产出指标均有不同的量纲。关于最优效率指标和量纲的关系有下面的定理。

【定理 3】 决策单元的最优效率指标 V_P 与投入指标 x_{ij} 及产出指标 y_{rj} 的量纲选取无关。

3. 评价系统 DEA 有效性的判定

在实际应用中，通过定义 1 和定理 1 来判断系统的有效性是比较困难的。为了使判断决策单元有效、简便、实用，查恩斯和库伯引用了非阿基米德无穷小量的概念。从而，可以利用单纯形方法求解线性规划问题，判断决策单元的 DEA 有效性。

设 ε 是非阿基米德无穷小量。在广义实数域内，ε 表示一个小于任何正数且大于零的数。带有非阿基米德无穷小量 ε 的 C^2R 模型（P_ε）及对偶规划问题（D_ε）如下：

$$(P_\varepsilon)\begin{cases}\max V_{P_\varepsilon} = \mu^{\mathrm{T}} y_0 \\ \text{s.t. } \omega^{\mathrm{T}} x_j - \mu^{\mathrm{T}} y_j \geqslant 0 (1 \leqslant j \leqslant n) \\ \omega^{\mathrm{T}} x_0 = 1 \\ \omega^{\mathrm{T}} \geqslant \varepsilon \hat{e}^{\mathrm{T}} \\ \mu^{\mathrm{T}} \geqslant \varepsilon e^{\mathrm{T}} \end{cases}$$

$$(D_\varepsilon)\begin{cases}\min V_{D_\varepsilon} = [\theta - \varepsilon(\hat{e}^{\mathrm{T}} s^- + e^{\mathrm{T}} s^+)] \\ \text{s.t. } \sum_{j=1}^{n} x_j \lambda_j + s^- = \theta x_0 \\ \sum_{j=1}^{n} y_j \lambda_j - s^+ = y_0 \\ \lambda_j \geqslant 0 (1 \leqslant j \leqslant n) \\ s^+ \geqslant 0 \\ s^- \geqslant 0 \end{cases}$$

其中，$\hat{e}^{\mathrm{T}} = (1,1,\cdots,1)$ 是元素均为 1 的 m 维向量，$e^{\mathrm{T}} = (1,1,$

$\cdots,1)$ 是元素均为 1 的 p 维向量，松弛变量 $s^- = (s_1^-, s_2^-, \cdots, s_m^-)^T$，$s^+ = (s_1^+, s_2^+, \cdots, s_p^+)^T$。

【定理4】 设 ε 是非阿基米德无穷小量，线性规划（D_ε）的最优解为λ^0，s^{0-}，s^{0+}，θ^0，有

（1）如果$\theta^0 = 1$，则决策单元j_0 为弱 DEA 有效。

（2）如果$\theta^0 = 1$，并且 $s^{0-}=0$，$s^{0+}=0$，则决策单元j_0 为 DEA 有效。

实际应用中，$\varepsilon = 10^{-6}$。

4. DEA 有效决策单元的构造

评价系统并非所有的决策单元都是 DEA 有效，经过判定后，如何对一些非 DEA 有效的决策单元进行分析，指出造成非有效的原因，并据此改进为具有 DEA 有效性的决策单元。为此，需要讨论决策单元在相对有效面上的"投影"。

【定义3】 设λ^0，s^{0-}，s^{0+}，θ^0 是线性规划（D_ε）的最优解。令

$$\hat{x}_0 = \theta^0 x_0 - s^{0-}, \quad \hat{y}_0 = y_0 - s^{0+}$$

称（$\hat{x}_0$，$\hat{y}_0$）为决策单元j_0 对应的（x_0，y_0）在 DEA 的相对有效面上的"投影"。决策单元j_0 对应的（x_0，y_0）的"投影"（$\hat{x}_0$，$\hat{y}_0$）构成了一个新的决策单元。

【定理5】 设（$\hat{x}_0$，$\hat{y}_0$）是决策单元j_0 对应的（x_0，y_0）在 DEA 的相对有效面上的"投影"，则新的决策单元（$\hat{x}_0$，$\hat{y}_0$）相对于原来的 n 个决策单元来说，是 DEA 有效的。

定理5 告诉我们，对于一个非 DEA 有效的决策单元j_0，它对应的（x_0，y_0）在 DEA 的相对有效面上"投影"（$\hat{x}_0$，$\hat{y}_0$）是 DEA 有效的。从而，在 DEA 相对有效面上的新决策单元（$\hat{x}_0$，$\hat{y}_0$），给出

了改进非 DEA 有效决策单元，构造新的 DEA 有效决策单元的方法。

5. DEA 有效性的经济意义

设线性规划（D_ε）的最优解为λ^0，s^{0-}，s^{0+}，θ^0，分三种情况讨论：

（1）$\theta^0=1$，$s^{0-}=0$，$s^{0+}=0$

由定理 4 知，决策单元 j_0 为 DEA 有效。其意义是决策单元 j_0 的生产活动（x_0，y_0）同时技术有效和规模有效。

（2）$\theta^0=1$，但至少有某个 $s_i^{0-}>0$（$i=1$，2，…，m）或至少有某个 $s_r^{0+}>0$（$r=1$，2，…，p）。

由定理 4 知，决策单元 j_0 为弱 DEA 有效。其意义是决策单元 j_0 的生产活动（x_0，y_0）不是同时技术有效和规模有效。某个 $s_i^{0-}>0$，表示第 i 种投入指标有 s_i^{0-} 没有充分利用。某个 $s_r^{0+}>0$，表示第 r 种产出指标与最大产出值尚有 s_r^{0+} 的不足。

（3）$\theta^0<1$。

由定理 4 知，决策单元 j_0 不是 DEA 有效。其意义是决策单元 j_0 的生产活动（x_0，y_0）既不是同时技术有效，也不是规模有效。

6. 生产活动规模收益的判定

【定理 6】 设线性规划（D_ε）的最优解为λ^0，s^{0-}，s^{0+}，θ^0。

（1）若 $\frac{1}{\theta^0}\sum_{j=1}^{n}\lambda_j^0=1$，则决策单元 j_0 规模收益不变。

（2）若 $\frac{1}{\theta^0}\sum_{j=1}^{n}\lambda_j^0<1$，则决策单元 j_0 规模收益递增。

（3）若 $\frac{1}{\theta^0}\sum_{j=1}^{n}\lambda_j^0>1$，则决策单元 j_0 规模收益递减。

4.2　DEA 方法在出版社相对有效性评价中的应用

4.2.1　DEA 方法在出版社人力资源投入与产出相对有效性评价中的应用

1. 基本情况

以下将利用数据包络分析方法（简称 DEA 方法）对几个教育类出版社的职工人数结构与定价总额之间的关系进行分析，借此判断出版社是否是 DEA 有效的。其中，投入指标体系包括职工人数、高级技术人员和中级职称人员，产出指标体系包含定价总额（万元）一个指标。所有数据来源于 2002 年《中国出版年鉴》以及相关出版社网站主页。为保密起见，本研究中用出版社 A、B、C、D 和 E 来代表 5 个出版社的名称，这 5 个出版社分别对应决策单元 1、2、3、4 和 5。投入产出原始数据见表 4－1。

表 4－1　投入产出原始数据

		决策单元				
		出版社 A	出版社 B	出版社 C	出版社 D	出版社 E
		决策单元 1	决策单元 2	决策单元 3	决策单元 4	决策单元 5
投入	职工人数	108	165	154	41	30
	高级技术人员	38	32	30	25	14
	中级职称人员	37	30	46	7	12
产出	定价总额（万元）	12333	26021	21227	13446	5286

资料来源：定价总额源于 2002 年《中国出版年鉴》，职工人数、高级技术人员及中级职称人员源于相应出版社的网站主页公布的数据。

评价决策单元 j 相对有效性时的线性规划 D_ε 如下：

$$D_\varepsilon=\begin{cases}\min[\theta-0.000001(s_1^-+s_2^-+s_3^-+s_1^+)]\\108\lambda_1+165\lambda_2+154\lambda_3+41\lambda_4+30\lambda_5+s_1^-=a\theta\\38\lambda_1+32\lambda_2+30\lambda_3+25\lambda_4+14\lambda_5+s_2^-=b\theta\\37\lambda_1+30\lambda_2+46\lambda_3+7\lambda_4+12\lambda_5+s_3^-=c\theta\\12333\lambda_1+26021\lambda_2+21227\lambda_3+13446\lambda_4+5286\lambda_5-s_1^+=d\end{cases}$$

模型 D_ε 中系数向量（a，b，c，d，e）为待评价决策单元 j（=1，2，3，4，5）对应的值，决策单元1、2、3、4和5对应的向量分别为（108，38，37，12333）、（165，32，30，26021）、（154，30，46，21227）、（41，25，7，13446）和（30，14，12，5286）。求解对应的线性规划模型 D_ε 得到的结果详见表4－2。

表4－2　计算结果

决策单元序号	λ_1	λ_2	λ_3	λ_4	λ_5	s_1^-	s_2^-	s_3^-	s_1^+	θ	$\frac{\sum\lambda}{\theta}$
1	0	0.2085	0	0.5137	0	0	0	9.1508	0	0.5136	1.4062
2	0	1	0	0	0	0	0	0	0	1	1
3	0	0.8122	0	0.0068	0	0	0	15.7004	0	0.8721	0.9391
4	0	0	0	1	0	0	0	0	0	1	1
5	0	0.0409	0	0.3139	0	0	0	4.4243	0	0.6541	0.5424

2. 有效性分析

从表4－2中的计算结果可以看出，相对于其他决策单元而言，决策单元2（或4）是DEA有效的，其他决策单元则是非DEA有效的。对决策单元2（或4）而言，由于 $\theta^0=1$，$s^{0-}=0$，$s^{0+}=0$，因此决策单元 2（或 4）（即出版社 B 或 D）的生产活动（x_0，y_0）同时技术有效和规模有效。

对决策单元 1（或 3，5）而言，$\theta^0<1$，因此不是 DEA 有效的，其意义是决策单元 1（或 3，5）的生产活动（x_0，y_0）既不是同时技术有效，也不是规模有效。例如，对决策单元 1，$\theta^0=0.5136$，则 D_ε的约束变为：

$$\sum_{j=1}^{n} x_j \lambda_j + s^- = 0.5136x_0$$

$$\sum_{j=1}^{n} y_j \lambda_j - s^+ = y_0$$

这表示，得到 y_0 单位的定价总额，至多只需投入$0.5136x_0$，换句话说，可以经过改进使得决策单元 1 只需原投入量的 0.5136 便可得到原产量。同样，决策单元 3 只需原投入量的 0.8721 便可得到原产量，决策单元 5 只需原投入量的 0.6541 便可得到原产量。

利用投影方法，可以得到这些非 DEA 有效的决策单元对应的新的 DEA 有效的决策单元，详细见表 4－3。

表 4－3　投影后的新决策单元

决策单元名称	投影生成的新的决策单元
决策单元 1（(108，38，37)，12333）	((55.4688，19.5168，19.0032)，12333)
决策单元 3（(154，30，46)，21227）	((134.3034，26.163，40.1166)，21227)
决策单元 5（(30，14，12)，5286）	((19.623，9.1574，7.8492)，5286)

注：((a，b，c)，d）含义为，(a，b，c）对应决策单元的投入，d 对应产出。

3. 生产活动规模收益分析

从表 4－2 可以看出，对决策单元 2（或 4）而言，由于 $\frac{1}{\theta^0}\sum_{j=1}^{n}\lambda_j^0$

= 1，因此决策单元2（或4）是规模收益不变；对决策单元3（或5）而言，由于 $\frac{1}{\theta^0}\sum_{j=1}^{n}\lambda_j^0 < 1$，因此决策单元3（或5）是规模收益递增；对决策单元1而言，由于 $\frac{1}{\theta^0}\sum_{j=1}^{n}\lambda_j^0 > 1$，因此决策单元1是规模收益递减。

4. 结论

DEA方法是对多指标投入和多指标产出的相同类型部门进行相对有效性综合评价的一种新方法。利用该方法可以判断出版社是否是DEA有效的。对非DEA有效的出版社来说，可以通过调整投入以获得同样的产出，从而提高经济效益。

4.2.2 DEA方法在出版上市公司相对有效性评价中的应用

已有学者探讨DEA方法在文化传媒企业效率评价中的应用[4,5]。本研究以中南传媒等10家出版传媒上市公司2014年年度报告为基础，利用DEA方法对它们之间的相对效率进行分析。

1. 指标数据及样本来源与说明

（1）样本来源。2012年证监会颁布的《上市公司行业分类指引》（2012年修订）已将“传播与文化产业”确定为上市公司的13个基本产业门类之一。截至2014年，文化传媒类上市公司有39家，其中出版传媒类上市公司10多家。本研究选取中南传媒等10家出版传媒上市公司作为决策单元，所有数据来源于相应公司2014年年度报告。

（2）投入和产出的选择及数据来源。DEA 方法可用于多输入和多输出的综合评价，客观要求输入和输出指标满足评价的要求，能有效地体现决策单元的竞争力水平，要求各输入或输出指标有线性关系，同时还要考虑数据口径的可比性、统一性及数据的可得性。综合以上几点，本研究选取固定资产、员工人数、主营业务成本作为输入指标，选取主营业务收入、净利润作为输出指标。在输入指标中，选用固定资产指标，它是反映公司的经济规模因素，是公司经济效益最稳定的物质基础，可以说明公司资源的优化配置情况；选取员工人数指标，是因为员工是公司经济利益的创造者，是公司能够创造更大价值、最具活力的源泉；主营业务成本是主营业务收入的相对投入，这主要是从公司内部经营管理效率的角度来考虑的。在输出指标中，选取主营业务收入，是因为一个健康且具有发展潜力的公司必定有一个清晰的主营业务作为支撑；净利润作为输出指标反映了一个上市公司的总体盈利状况。中南传媒等 10 家公司 2014 年投入产出原始数据详见表 4－4。

表 4－4　投入产出原始数据

公司名称	主营业务收入（亿元）	净利润（亿元）	固定资产（亿元）	员工人数（人）	主营业务成本（亿元）
博瑞传媒	16.4863	3.3632	5.3135	3789	8.0917
中南传媒	88.6407	15.2872	11.5051	15420	52.7978
皖新传媒	56.4044	6.9966	4.8884	4330	43.7396
时代传媒	53.1998	3.9250	8.1078	3109	46.3776
粤传媒	15.8865	2.3039	7.7991	5044	9.3530
北方出版传媒	14.4548	0.7534	1.8002	1452	11.7107
新华传媒	16.8758	0.5047	3.9567	2210	12.1464
中文传媒	102.7746	9.0329	12.7825	6708	82.6708

续表

公司名称	主营业务收入（亿元）	净利润（亿元）	固定资产（亿元）	员工人数（人）	主营业务成本（亿元）
天舟文化	5.1554	1.1904	0.4351	519	2.8144
华闻传媒	39.1365	10.4988	11.3930	11.079	21.4581

资料来源：相关公司 2014 年年度报告。

2. 有效性分析

利用 DEAP2.1 等线性规划软件可计算得到各公司的综合技术效率、纯技术效率、规模效率，详见表 4-5。

表 4-5　计算结果

公司名称	综合技术效率 (1)=(2)*(3)	纯技术效率 (2)	规模效率 (3)	规模效应
博瑞传媒	1.000	1.000	1.000	—
中南传媒	0.904	1.000	0.904	drs
皖新传媒	1.000	1.000	1.000	—
时代传媒	1.000	1.000	1.000	—
粤传媒	0.834	0.835	0.998	irs
北方出版传媒	0.830	0.865	0.960	drs
新华传媒	0.764	0.905	0.844	drs
中文传媒	1.000	1.000	1.000	—
天舟文化	1.000	1.000	1.000	—
华闻传媒	1.000	1.000	1.000	—
均值	0.933	0.961	0.970	

注：drs 表示规模报酬递减，irs 表示规模报酬递增，—表示规模报酬不变。

所谓综合技术效率是决策单元 DMU 在一定（最优规模时）条

件下投入要素的生产效率。综合技术效率是纯技术效率与规模效率的乘积。综合技术效率是对决策单元的资源配置能力、资源使用效率等多方面能力的综合衡量与评价。如果企业处于生产前沿的条件下，即企业是技术有效的，则综合技术效率等于 1。纯技术效率是制度和管理水平带来的效率，是企业由于管理和技术等因素影响的生产效率。纯技术效率等于 1，表示在目前的技术水平上，其投入资源的使用是有效率的。规模效率是指在制度和管理水平一定的前提下，现有规模与最优规模之间的差异。规模效率是由于企业规模因素影响的生产效率，反映的是实际规模与最优生产规模的差距。不完全竞争和财务约束等可能导致决策单元 DMU 不在最合适的规模上运作。

从表 4－5 可知，在以固定资产、员工人数和主营业务成本作为投入，而以主营业务收入和净利润进行 DEA 分析时，博瑞传媒、皖新传媒、时代传媒、中文传媒、天舟文化和华闻传媒 6 家上市公司的综合技术效率、纯技术效率和规模效率均等于 1，说明这些公司既是技术有效又是规模有效。而中南传媒、粤传媒、北方出版传媒、新华传媒 4 家上市公司的综合技术效率小于 1，表明这 4 家公司或技术无效或规模无效。其中，中南传媒纯技术效率为 1，而规模效率小于 1，这说明就该公司本身的技术效率而言没有投入需要减少、没有产出需要增加，其综合效率没有达到有效（即 1），是因为其规模和投入、产出不相匹配，需要增加规模或减少规模。而其他 3 家公司纯技术效率和规模效率均小于 1，技术无效和规模无效共同导致综合技术效率无效。

此外，粤传媒处于规模效率递增的区域，具有规模递增效应，即随着规模的扩大，其绩效会得到相应的提升，但其纯技术效率小于1，因此该公司可在今后的经营中改进现有管理和技术水平前提下，适度扩大规模，以期综合技术效率达到有效；中南传媒、北方出版传媒和新华传媒均不同程度地处于规模效率递减的区域，具有规模递减效应，不过中南传媒公司纯技术效率为1，其他2家公司纯技术效率小于1，因此中南传媒公司可在保持现有管理和技术的前提下，通过适度减少规模使规模与投入、产出相匹配来达到综合技术效率有效，而北方联合出版传媒和新华传媒则既需通过进一步加强管理、改进技术来提高生产效率，同时也要适度减小规模，共同促进，使公司在资源配置能力、资源使用效率等多方面能力达到有效。

3. 无效率单位的冗余分析

从表4－5可知，粤传媒、北方出版传媒、新华传媒3家公司既是技术无效又是规模无效，以下通过计算这3家公司的投入、产出的原始值与目标值（最优值）的差距来分析这些无效率单位的冗余情况，详见表4－6。以粤传媒公司为例，该公司净利润少产出0.945亿元，固定资产多投入2.748亿元，员工人数多投入约1428人，主营业务成本多支出1.54亿元（详见表4－6），因此公司在达到同样的主营业务收入的前提下，固定资产、员工人数、主营业务成本存在加大冗余，净利润存在较大不足。类似，对北方出版传媒公司而言，净利润少产出1.34亿元，固定资产多投入0.243亿元，员工人数多投入约196人，主营业务成本多支出1.579亿元；而对新华传媒公司而言，净利润少产出2.199亿元，固定资产多投入1.999亿元，员工人数多投入约210人，主营业务成本多支出1.157亿元。

表 4-6 冗余情况

公司名称	产出/投入	原始值	不足或冗余	目标值（最优值）
粤传媒	主营业务收入	15.890	0	15.890
	净利润	2.300	0.945	3.245
	固定资产	7.800	-2.748	5.052
	员工人数	5044.000	-1428.169	3615.831
	主营业务成本	9.350	-1.54	7.810
北方出版传媒	主营业务收入	14.450	0	14.450
	净利润	0.750	1.34	2.090
	固定资产	1.800	-0.243	1.557
	员工人数	1452.000	-195.813	1256.187
	主营业务成本	11.710	-1.579	10.131
新华传媒	主营业务收入	16.880	0	16.880
	净利润	0.500	2.199	2.699
	固定资产	3.960	-1.999	1.961
	员工人数	2210.000	-210.389	1999.611
	主营业务成本	12.150	-1.157	10.993

4. 公司效率排序

从表 4-5 可知，通过综合技术效率尽管可以区分有效单元和无效单元，但由于有效单元（博瑞传媒、皖新传媒、时代传媒、中文传媒、天舟文化和华闻传媒）的综合技术效率均为 1，因此无法区别这些公司效率的次序。为此，可以计算出这些公司的最劣效率值，并将最劣效率值与综合技术效率值的几何平均值作为排序的依据。计算结果详见表 4-7。

表 4-7 综合效率

公司名称	传统效率	最劣效率	综合效率值
博瑞传媒	1	1.2611	1.1230
中南传媒	0.9037	1.1908	1.0374
皖新传媒	1	1.0888	1.0435
时代传媒	1	1	1.0000
粤传媒	0.8337	1	0.9131
北方出版传媒	0.8305	1	0.9113
新华传媒	0.7643	1	0.8742
中文传媒	1	1.0684	1.0336
天舟文化	1	1.4265	1.1944
华闻传媒	1	1.091	1.0445

从表 4-7 可知，天舟文化的综合效率值最高，其次依次为博瑞传媒、华闻传媒、皖新传媒、中南传媒、中文传媒、时代传媒，粤传媒、北方出版传媒和新华传媒公司的综合效率排在最后三位。粤传媒、北方出版传媒和新华传媒这 3 家公司因存在技术无效和规模无效，因此其综合效率位于末尾也是情理之中。但对于综合技术效率均有效的其他 6 家公司，天舟文化公司作为一个民营企业，其综合效率最高值得引人深思。事实上，由于民营出版公司具有明晰的产权结构、灵活的运行机制、长远的发展战略、较强的创新意识和忧患意识，加之民营出版公司负责人一般都是久经市场磨炼的佼佼者，因此，在市场竞争中更有活力，具有更高的运营效率。相比而言，由于我国出版行业处于垄断状态，出版社长期以来作为事业单位存在，出版垄断使出版社拥有更多资源、更宽裕的生存条件，但部分出版社由于对政策资源的依赖，逐渐丧失了自身的创造能力，因此一些出版社在进入竞争市场的初期出现效率相对低下也非常正常。

目前，新闻出版行业已初步完成转制，绝大部分出版社已从事业单位转制为企业，同时数字技术、信息技术已广泛应用于出版领域，出版传媒企业之间的竞争日趋激烈。面对激烈的竞争，不论是国有出版公司还是民营出版公司均应加快转变发展方式，苦练内功，改革创新，加强管理，引进新技术，实现内生发展，真正做优做强。

5. 结论

DEA 方法是对多指标投入和多指标产出的相同类型部门进行相对有效性综合评价的一种新方法。利用该方法可以判断出版传媒上市公司是否是 DEA 有效的，指出非 DEA 有效的公司在投入或产出方面如何改进，从而提高经济效益。

4.2.3　DEA 方法在出版上市公司相对有效性评价动态分析中的应用

1. Malmquist 指数

Malmquist 指数，也称马姆奎斯特 TFP 指数，最先是由卡夫斯、克里斯滕森和迪沃特引进的，他们利用马姆奎斯特投入和产出距离函数定义 TFP 指数，因而所得的指数简称为 Malmquist 指数，主要用来测算决策单元全要素生产率增长的变化，作为动态 DEA 效率评价的工具，Malmquist 指数反映了决策单元在时间序列中的生产力变化。其表达式如下：

$$M_i^{t,t+1} = EC_i^{t,t+1} TC_i^{t,t+1} \quad i = 1,2,\cdots,n; t = 1,2,\cdots,n$$

式中

$$EC_i^{t,t+1} = \frac{D_i^{t+1}(x_i^{t+1}, y_i^{t+1})}{D_i^t(x_i^t, y_i^t)}$$

$$TC_i^{t,t+1} = \left[\frac{D_i^t(x_i^{t+1}, y_i^{t+1})}{D_i^{t+1}(x_i^{t+1}, y_i^{t+1})} - \frac{D_i^t(x_i^t, y_i^t)}{D_i^{t+1}(x_i^t, y_i^t)}\right]^{1/2}$$

$EC_i^{t,t+1}$ 表示决策单元 i 从 t 到 $t+1$ 期技术效率的变化指数，刻画了从 t 到 $t+1$ 期决策单元 i 对最佳生产前沿的追赶程度（称为“追赶效应”），$TC_i^{t,t+1}$ 表示决策单元 i 从 t 到 $t+1$ 期技术进步指数，刻画了决策单元技术前沿从 t 到 $t+1$ 期的移动情况（称为“增长效应”）。

若$M_i^{t,t+1}>1$，则表明 Malmquist 指数提高了，意味着生产率有所改善，反之，则其指数下降了。

若$EC_i^{t,t+1}>1$，则表明技术效率提升了，反之，则说明技术效率下降了。

若$TC_i^{t,t+1}>1$，则表明技术进步了，反之，则表明技术水平下降了。

2. 样本选择及数据来源

（1）样本来源。2012 年证监会颁布的《上市公司行业分类指引》(2012 年修订）已将“传播与文化产业”确定为上市公司的 13 个基本产业门类之一。截至目前，文化传媒类上市公司有 39 家，其中出版传媒类上市公司 10 多家。本研究选取中南传媒等 10 家出版传媒上市公司作为决策单元，所有数据来源于相应公司 2014 年年度报告。

（2）投入和产出的选择及数据来源。DEA 方法可用于多输入和多输出的综合评价，客观要求输入和输出指标满足评价的要求，能有效地体现决策单元的竞争力水平，要求各输入或输出指标有线性关系，同时还要考虑数据口径的可比性、统一性及数据的可得性。综合以上几点，本研究选取固定资产、员工人数、主营业务成本作为输入指标，选取主营业务收入、净利润作为输出指标。在输入指标中，选用固定资产指标，它是反映公司的经济规模因素，是公司经济效益最稳定的物质基础，可以说明公司资源的优化配置情况；选取员工人数指标，是因为员工是公司经济利益的创造者，是公司能够创造更大价值、最具活力的源泉；主营业务成本是主营业务收入的相对投入，这主要是从公司内部经营管理效率的角度来考虑的。在输出指标中，选取主营业务收入，是因为一个健康且具有发展潜力的公司必定有一个清晰的主营业务作为支撑；净利润作为输出指标反映了一个上市公司的总体盈利状况。

3. 出版上市公司效率分析

利用 DEAP2.1 等线性规划软件可计算得到各公司的综合技术效率、纯技术效率、规模效率。详见表 4－8、表 4－9 和表 4－10。

表 4－8　综合技术效率 TE

公司名称	2010	2011	2012	2013	2014	平均值
博瑞传媒	1	1	1	1	1	1
中南传媒	0.981	1	1	1	0.904	0.977
皖新传媒	0.93	1	1	1	1	0.986
时代传媒	0.894	0.895	0.972	0.929	1	0.938
粤传媒	0.77	0.743	0.918	0.853	0.834	0.8236
北方出版传媒	1	0.962	0.944	0.874	0.83	0.922
新华传媒	1	0.991	0.997	0.973	0.764	0.945
中文传媒	0.951	1	1	1	1	0.9902
天舟文化	1	1	0.959	1	1	0.9918
华闻传媒	0.841	0.945	0.947	0.999	1	0.9464
均值	0.937	0.954	0.974	0.963	0.933	0.9522

表4-9　纯技术效率PTE

公司名称	2010	2011	2012	2013	2014	平均值
博瑞传媒	1	1	1	1	1	1
中南传媒	1	1	1	1	1	1
皖新传媒	1	1	1	1	1	1
时代传媒	1	0.997	1	0.946	1	0.9886
粤传媒	0.779	0.794	0.921	0.866	0.835	0.839
北方出版传媒	1	0.964	0.955	0.91	0.866	0.939
新华传媒	1	1	1	1	0.905	0.981
中文传媒	1	1	1	1	1	1
天舟文化	1	1	1	1	1	1
华闻传媒	0.887	0.965	0.964	1	1	0.9632
均值	0.967	0.972	0.984	0.972	0.961	0.9712

表4-10　规模效率SE

公司名称	2010	2011	2012	2013	2014	平均值
博瑞传媒	1	1	1	1	1	1
中南传媒	0.981	1	1	1	0.904	0.977
皖新传媒	0.93	1	1	1	1	0.986
时代传媒	0.894	0.897	0.972	0.982	1	0.949
粤传媒	0.988	0.936	0.997	0.985	0.998	0.9808
北方出版传媒	1	0.998	0.988	0.96	0.959	0.981
新华传媒	1	0.991	0.997	0.973	0.844	0.961
中文传媒	0.951	1	1	1	1	0.9902
天舟文化	1	1	0.959	1	1	0.9918
华闻传媒	0.949	0.979	0.982	0.999	1	0.9818
均值	0.969	0.98	0.989	0.99	0.971	0.9798

（1）综合技术效率分析。所谓综合技术效率是决策单元在一定（最优规模时）条件下投入要素的生产效率，表示决策单元在给定的投入水平下获取最大产出的能力。综合技术效率是纯技术效率与

规模效率的乘积。综合技术效率是对决策单元的资源配置能力、资源使用效率等多方面能力的综合衡量与评价。如果企业处于生产前沿的条件下，即企业是技术有效的，则综合技术效率等于 1。

从表 4－8 可知，10 家出版上市公司在 2010—2014 年的平均综合技术效率值为 0.9522，因此 2010—2014 年中国出版上市的总体综合技术效率不佳，这也从侧面反映了中国出版产业目前效益不佳的局面。从综合技术效率的总体趋势来看，2010—2014 年中国出版上市公司的综合技术效率呈现先上升后下降的趋势，2010—2012 年出版上市公司的综合技术效率处于逐年上升的趋势，2012 年到达最高点，2013—2014 年技术效率处于逐年下降的趋势。

（2）纯技术效率分析。纯技术效率是制度和管理水平带来的效率，是企业由于管理和技术等因素影响的生产效率，反映的是出版上市公司在投入水平一定的情况下，各公司的管理决策水平和生产力水平的高低情况。纯技术效率等于 1，表示在目前的技术水平上，其投入资源的使用是有效率的。

从表 4－9 可知，有 5 家上市公司在 5 年中均保持纯技术 DEA 有效，占样本量的 50%，这表明中国出版上市公司目前纯技术效率总体水平状况良好。同时，从纯技术效率的总体趋势来看，与综合技术效率相似，2010—2014 年 10 家出版上市公司的平均纯技术效率值为 0.9712，其均值呈现先升后降的趋势，在 2012 年达到最高值。

（3）规模效率分析。规模效率是指在制度和管理水平一定的前提下，现有规模与最优规模之间的差异。不完全竞争和财务约束等可能导致决策单元 DMU 不在最合适的规模上运作。

从表 4－10 可知，2010—2014 年 5 年均规模有效的上市公司只有博瑞传媒，占样本量的10%，可见中国出版上市公司大多处于规模无效率状况，但从出版上市公司的平均规模效率来看，平均值为0.9798，规模效率值都要优于纯技术效率值。

综上可知，2010—2014年中国出版上市的总体综合技术效率不佳，引起的原因既有纯技术的因素也有规模因素，但中国出版上市公司目前纯技术效率总体水平状况良好，而中国出版上市公司大多处于规模无效率状况，总体需要进一步加强管理、改进技术来提高生产效率，或者需要适度调整规模与投入、产出相匹配，共同促进，使公司的资源配置能力、资源使用效率等多方面能力达到有效。

4. 基于Malmquist指数的出版上市公司效率动态分析

对中国10家出版上市公司在2010—2014年期间5个时间段动态效率变动情况进行考察，计算结果详见表4－11和表4－12。

表4－11　不同时间段的总体平均全要素生产率状况

时间区间	effch 综合技术效率变化（CRS技术）EC	techch 技术变化TC	pech 纯技术效率变化（VRS技术）	sech 规模效率变化	tfpch 全要素生产率（ftp）变化
2010—2011	1.018	0.948	1.006	1.011	0.965
2011—2012	1.024	0.988	1.014	1.010	1.012
2012—2013	0.988	1.138	0.987	1.000	1.124
2013—2014	0.966	1.084	0.987	0.979	1.047
均值	0.999	1.040	0.999	1.000	1.035

表 4－12　Malmquist 指数

公司名称	effch 综合技术效率变化（CRS 技术）	techch 技术变化	pech 纯技术效率变化（VRS 技术）	sech 规模效率变化	tfpch 全要素生产率（ftp）变化
博瑞传媒	1	0.986	1	1	0.986
中南传媒	0.98	1.085	1	0.98	1.063
皖新传媒	1.018	1.104	1	1.018	1.124
时代传媒	1.028	0.99	1	1.028	1.019
粤传媒	1.02	1.017	1.017	1.003	1.038
北方出版传媒	0.955	1.039	0.965	0.99	0.992
新华传媒	0.935	1.04	0.975	0.959	0.972
中文传媒	1.013	1.052	1	1.013	1.065
天舟文化	1	0.993	1	1	0.993
华闻传媒	1.044	1.067	1.031	1.013	1.114
均值	0.999	1.037	0.999	1	1.035

（1）不同时间段的总体平均全要素生产率状况。

从表 4－11 可知，10 家出版上市公司在 2010—2014 年 Malmquist 指数均值大于 1，为 1.035，增长率为 3.5 %，其中 2010—2011 年 Malmquist 指数小于 1（为 0.965）外，其他时间区间 Malmquist 指数均值大于 1，且在 2012—2013 年 Malmquist 指数达最大值 1.124，增长率高达 12.4%。

近几年，政府陆续出台了《关于进一步推进新闻出版产业发展的指导意见》《关于加快我国数字出版产业发展的若干意见》《关于发展电子书产业的意见》《关于推动传统媒体和新兴媒体融合发展的指导意见》《深化新闻出版体制改革实施方案》等一系列文件，鼓励出版企业上市、重组、合作，大力推动出版业数字化专业，发展绿色印刷，推动印刷业转型升级，倡导全民阅读，整治非法出版，有力地促进了新闻出版产业的发展。尤其是，2013 年 3 月新闻出版总署与广电总局合并，释放出的是进一步改革的信号，对于出版产业是长期利好，使得文化企业在2013年全年都领跑中国股市。以天舟文化为例，其在2013年3月1日的收盘价是12.43元，年内曾翻4倍到达51.12的高点。因此，2012—2013年Malmquist指数达最大值是理所当然。

技术变化TC的均值大于1，说明技术进步了，综合技术效率变化EC的均值几乎等于1。数字出版技术、信息技术等广泛应用于出版行业，出版业的技术在进步，但由于新技术应用需要一个消化吸收过程，因此技术效率在短期不会有较大变化。

（2）2010—2014年各个公司总体平均全要素生产率状况。

从表4-12可知，10家出版上市公司在2010—2014年Malmquist指数均值大于1，意味着生产效率得到了较大改善，由于综合技术效率变化EC均值为0.9999，技术变化TC均值为1.037，因此可以说生产效率提高主要源于技术进步。有6家公司的Malmquist指数均值大1，其他公司的Malmquist指数均值也均大于0.972，因此，大部分公司生产效率得到改善，但也有部分公司的生产效率有待提高，对这些公司而言应加大数字出版技术、信息技术等的应用，以改善其生产效率。

5. 结论

DEA方法是对多指标投入和多指标产出的相同类型部门进行相对有效性综合评价的一种新方法。利用该方法可以判断出版传媒上市公司是否是DEA有效的，指出非DEA有效的公司在投入或产出方面如何改进，从而提高经济效益。同时，利用Malmquist指数可对出版传媒上市公司生产效率进行动态分析。

4.3　附录：计算程序

4.3.1　原始数据

表 4－13　中南传媒数据

	2010	2011	2012	2013	2014
输入指标：					
固定资产（元）	1157515267.72	1166772202.27	1139351077.80	1104987606.12	1150508351.11
员工数量（人）	10374.00	12432.00	13717.00	15172.00	15420.00
主营业务成本（元）	2818303433.50	3516106482.91	4208801977.08	4820508104.70	5279776918.27
输出指标：					
主营业务收入（元）	4686141010.80	5761642092.45	6811450813.89	7872748459.87	8864066150.91
净利润（元）	601248502.26	806191633.69	920919141.78	1131854724.21	1528720969.92

表 4－14　皖新传媒数据

	2010	2011	2012	2013	2014
输入指标：					
固定资产（元）	536031413.10	526254990.71	524876113.03	515407281.32	488844868.53
员工数量（人）	4796.00	4802.00	4762.00	4563.00	4330.00
主营业务成本（元）	1832429108.90	2008339670.09	2455763326.90	3339230730.76	4373961558.19
输出指标：					
主营业务收入（元）	2724730678.16	2981027561.96	3564881158.85	4495469683.70	5640438465.84
净利润（元）	321664086.88	399092223.13	502528111.65	610675380.73	699656274.90

表 4－15　时代传媒数据

	2010	2011	2012	2013	2014
输入指标：					
固定资产（元）	627350274.91	614591766.69	616258403.16	729048429.61	810782396.55

续表

	2010	2011	2012	2013	2014
员工数量（人）	2451.00	2675.00	3131.00	3114.00	3109.00
主营业务成本（元）	1296481652.36	1867693993.90	2499564009.13	3627544506.56	4637756060.66
输出指标：					
主营业务收入（元）	1780187044.32	2377243990.06	3079622245.96	4272250731.21	5319978124.29
净利润（元）	251832798.79	275249749.50	317956858.48	350274649.77	392503432.59

表4-16　粤传媒数据

	2010	2011	2012	2013	2014
输入指标：					
固定资产（元）	443119069.89	514534752.34	768851768.10	788223731.87	779914691.85
员工数量（人）	786.00	750.00	4779.00	4895.00	5044.00
主营业务成本（元）	257689800.69	276535262.98	1186152773.28	988079473.15	935302276.89
输出指标：					
主营业务收入（元）	328170193.80	322662358.54	1839523185.40	1615442838.22	1588645516.16
净利润（元）	16566989.83	10801492.06	275330840.02	309140060.42	230387411.96

表4-17　北方出版传媒数据

	2010	2011	2012	2013	2014
输入指标：					
固定资产（元）	253463230.37	208461330.41	197188197.62	186563978.18	180023045.85
员工数量（人）	1090	1456	1396	1557	1452
主营业务成本（元）	986778706.61	1069095672.43	956974637.07	1003427140.97	1171065185.14
输出指标：					
主营业务收入（元）	1300550370.10	1356881465.96	1219671254.80	1280081298.22	1445480574.08
净利润（元）	129909653.97	68078177.63	68128911.99	70426212.11	75336257.13

表 4-18　新华传媒数据

	2010	2011	2012	2013	2014
输入指标：					
固定资产（元）	509097407.96	455696108.28	432407934.22	419379868.43	395674558.27
员工数量（人）	2616	2440	2296	2153	2210
主营业务成本（元）	1447919109.37	1407385289.89	1189384098.46	1198538645.77	1214636331.96
输出指标：					
主营业务收入（元）	2241987269.64	2032812494.80	1719184601.87	1752099959.26	1687581937.72
净利润（元）	208596696.39	185325688.74	110108580.80	59855452.29	50473565.53

表 4-19　中文传媒数据

	2010	2011	2012	2013	2014
输入指标：					
固定资产（元）	860419497.26	853491116.03	975119504.51	1250002082.48	1278250954.99
员工数量（人）	5045	5168	5149	5110	6708
主营业务成本（元）	1980938616.26	5679332342.51	8465157989.93	11466644801.38	8267079399.78
输出指标：					
主营业务收入（元）	3034594811.50	6894944806.46	9920641054.84	13251058879.95	10277458742.13
净利润（元）	361180984.95	482979426.85	519202839.82	687162928.90	903293179.14

表 4-20　天舟文化数据

	2010	2011	2012	2013	2014
输入指标：					
固定资产（元）	18063301.48	46254632.16	45226032.47	38214934.13	43507899.81
员工数量（人）	209	234	467	241	519
主营业务成本（元）	143786613.27	199221643.01	192761706.66	234013067.34	281439807.55
输出指标：					
主营业务收入（元）	213723258.65	277541693.49	279773171.20	327948371.93	515539526.44
净利润（元）	31370497.83	33198246.92	20267290.42	20402219.39	119038878.10

表 4-21 华闻传媒数据

	2010	2011	2012	2013	2014
输入指标：					
固定资产（元）	1127987653.88	1109530204.17	1087696271.14	1134258106.05	1139300503.00
员工数量（人）	10917.00	11452.00	11067.00	10524.00	11079.00
主营业务成本（元）	2291262900.00	2323990000.00	2543046696.84	2201906477.25	2145809569.81
输出指标：					
主营业务收入（元）	3445915500.00	3759893900.00	4056245428.09	3712393463.43	3913650492.91
净利润（元）	432286360.21	507700205.57	533634413.50	902937737.49	1049878652.31

表 4-22 博瑞传媒数据

	2010	2011	2012	2013	2014
输入指标：					
固定资产（元）	416009255.46	590944031.09	601469715.47	565088227.33	531346217.50
员工数量（人）	3993.00	3757.00	4110.00	4222.00	3789.00
主营业务成本（元）	527165178.10	618287355.58	666109830.56	418748039.09	809169351.44
输出指标：					
主营业务收入（元）	1075632365.65	1209733393.39	1255691239.14	1083505936.45	1648633490.29
净利润（元）	343977679.09	420516447.59	298983002.09	387550191.33	336 317 231.77

4.3.2 计算程序

```
%  linprog (f, A, b, Aeq, beq, LB, UB)
%   min f*w
%     s.t.（约束条件）：  A*w<=b
%      （等式约束条件）：Aeq*w=beq
%     lb<=w<=ub

%     n个决策单元，m个投入，s个产出
```

```
%    u: s×1 的输出权重矩阵
%    v: m×1 的的投入权重矩阵

%  MODEL-1
%      max (u, v) (u' y (i) /v' x (i)),
%      st     u' y (j) /v' x (j) ≤1, j=1, 2, ..., n,
%      u, v≥0

%  MODEL-2
%      max (u, v) (u' y (i)),
%      st     v' x (i) =1,
%             u' y (j) -v' x (j) ≤0,   j=1, 2, ..., n,
%      u, v≥0,

%  MODEL-3
%      min (θ, λ) θ,
%      st     -y (i) +Yλ≥0,
%             θx (i) -Xλ≥0,
%      λ≥0,

%  MODEL-4
%      min (λ, OS, IS) θ-ε (∑OS+∑IS)
%      st      -y (i) +Yλ-OS=0,
%               θx (i) -Xλ-IS=0,
%               λ≥0, OS≥0, IS≥0,
%      OS: s×1, IS: m×1
%      S1: s×1, M1: m×1
```

```
%  MODEL-5
%      min (λ, OS, IS) - (S1' OS+M1' IS)
%      st     -y (i) +Yλ-OS=0,
%              θx (i) -Xλ-IS=0,
%              λ≥0, OS≥0, IS≥0,
%      OS: s×1, IS: m×1
%      S1: s×1, M1: m×1

%* * * * * * * * * * * * * * * * * * * * * * * * * * * * * * *
%      模型1：传统CCR模型
%      Max (u, v) θ (j0) =Σu (r) y (r, j0),
%      st    Σu (r) y (r, j) -Σv (i) x (i, j) ≤0,
%            Σv (i) x (i, j0) =1
%            u, v≥0,
%        r=1...s, j=1...n, i=1...m
%* * * * * * * * * * * * * * * * * * * * * * * * * * * * * * *
function [W, Q, T, I] =deacco (X, Y)
%参数矩阵X (或Y) 的行为决策单元，列为指标
X=X′;              % 投入矩阵X [m, n]
Y=Y′;              % 产出矩阵Y [s, n]
n=size (X′, 1);    % 决策单元个数
m=size (X, 1);      % 输入指标个数
s=size (Y, 1);      % 输出指标个数
A= [ -X′Y′];
b=zeros (n, 1);
LB=zeros (m+s, 1);
```

```
UB = [];
for i =1: n
f = [zeros (1, m) -Y (:, i)′];
Aeq = [X (:, i)′zeros (1, s)];
beq =1;
w (:, i) =linprog (f, A, b, Aeq, beq, LB, UB);
E (i, i) =Y (:, i)′*w (m+1: m+s, i);
end
W =w′
Q =E
[T, I] =sort (E)

% w 的说明
% w                              % 输出最佳权向量
% E                              % 输出相对效率值 E
% omega =w (1: m,:);             % 输出投入权向量
% mu =w (m+1: m+s,:)             % 输出产出权向量


% ******************************
% ***模型2: 传统 CCR 的 Dε 模型
%     min (λ, OS, IS) θ-ε (∑OS+∑IS)
%     st                   -y (i) +Yλ-OS =0,
%                          θx (i) -Xλ-IS =0,
%                          λ≥0, OS≥0, IS≥0, θ≥0
%      w = (λ  IS  OS θ)
% ******************************
```

```
function [W, Q, T, I] =deaCCR1 (X, Y)
% 参数矩阵 X (或 Y) 的行为决策单元，列为指标
X=X′;                              % 投入矩阵 X [m, n]
Y=Y′;                              % 产出矩阵 Y [s, n]
n=size (X′, 1);                    % 决策单元个数
m=size (X, 1);                     % 输入指标个数
s=size (Y, 1);                     % 输出指标个数
epsilon=10^-10;
f= [zeros (1, n) -epsilon*ones (1, m+s) 1];
A=zeros (1, n+m+s+1);
b=0;
LB=zeros (n+m+s+1, 1);
LB (n+m+s+1) =-Inf;                % Inf 为无穷大量 +∞
UB= [];
for i=1: n
Aeq= [X eye (m) zeros (m, s) -X (:, i)
    Y zeros (s, m) -eye (s) zeros (s, 1)];
beq= [zeros (m, 1); Y (:, i)];
w (:, i) =linprog (f, A, b, Aeq, beq, LB, UB);
end
w
lambda=w (1: n,:)                  % 输出 λ
s_minus=w (n+1: n+m,:) ′           % 输出 s- (x 的松弛值)
s_plus=w (n+m+1: n+m+s,:) ′        % 输出 s+ (y 的松弛值)
theta=w (n+m+s+1,:) ′              % 输出 θ

% w=w′
```

```
% Q=E
% [T, I] =sort (E)

% w的说明
% lambda=w (1: n,:)                 % 输出λ
% s_ minus=w (n+1: n+m,:) ′         % 输出s- (x的松弛值)
% s_ plus=w (n+m+1: n+m+s,:) ′      % 输出s+ (y的松弛值)
% theta=w (n+m+s+1,:) ′             % 输出θ


% ******************************
******
%     模型3: 包络DEA模型
%       min (λ, OS, IS, θ) θ
%       st                          -y (i) +Yλ-OS=0,
%                                   θx (i) -Xλ-IS=0,
%                                   λ≥0, OS≥0, IS≥0, θ≥0
%        w= (λ, IS, OS, θ)
% ******************************
******
function  [Lam sm sp theta] =deaCCR2 (X, Y)
% 矩阵X (Y) 的行为决策单元, 列为指标
X=X′;                               % 投入矩阵X [m, n]
Y=Y′;                               % 产出矩阵Y [s, n]
n=size (X′ 1);                      % 决策单元个数
m=size (X, 1);                      % 输入指标个数
s=size (Y, 1);                      % 输出指标个数
```

```
LB=zeros (n+m+s+1, 1);
UB= [];
A= [];
b= [];
options=optimset ('maxiter', 100);
for i=1: n;
Aeq=[X eye (m) zeros (m, s) -X (:, i)
     Y zeros (s, m) -eye (s)  zeros (s, 1)];
beq= [zeros (m, 1); Y (:, i)];
f= [zeros (1, n+m+s) 1];
w (:, i) =linprog (f, A, b, Aeq, beq, LB, UB,  [], options);
end
Lam=w (1: n,:)                          % 输出λ
sm=w (n+1: n+m,:) '                     % 输出s- (x的松弛值)
sp=w (n+m+1: n+m+s,:) '                 % 输出s+ (y的松弛值)
theta=w (n+m+s+1,:) '                   % 输出θ


% * * * * * * * * * * * * * * * * * * * * * * * * * * * * * * *
%   模型4: 最劣CCR模型
%   悲观效率模型
%    Min (u, v) θ (j0) =Σu (r) y (r, j0),
%     st    Σu (r) y (r, j) -Σv (i) x (i, j) ≥0,
%           Σv (i) x (i, j0) =1
%           u, v≥0,
%        r=1...s, j=1...n, i=1...m
```

```
%      注：对比模型 1
% * * * * * * * * * * * * * * * * * * * * * * * * * * * * * * *
* * * * * *
function  [Q, T, I] =deaCCR3 (X, Y)
% 矩阵 X (Y) 的行为决策单元，列为指标
X=X′;                          % 投入矩阵 X [m, n]
Y=Y′;                          % 产出矩阵 Y [s, n]
n=size (X′, 1);                % 决策单元个数
m=size (X, 1);                 % 输入指标个数
s=size (Y, 1);                 % 输出指标个数
A= [X′-Y′];
b=zeros (n, 1);
LB=zeros (m+s, 1);
UB= [];
for i=1: n
Aeq= [X (:, i) ′zeros (1, s)];
beq=1;
f= [zeros (1, m)   Y (:, i) ′];
w (:, i) =linprog (f, A, b, Aeq, beq, LB, UB);
E (1, i) =Y (:, i) ′*w (m+1: m+s, i);
end
Q=E
[T, I] =sort (E)

% * * * * * * * * * * * * * * * * * * * * * * * * * * * * *
%      模型 5：BCC 模型
%       Max (u, v) θ (j0) =Σ (r)  [u (r) y (r, j0)] -u
```

```
(j0),
  %      st                    Σ (r) [u (r) y (r, j)] -Σ
(i) [v (i) x (i, j)] -u (j0) ≤0,
  %                            Σ (i) [v (i) x (i, j0)] =1
  %                            u, v≥0,
  %       r=1...s, j=1...n, i=1...m
  % * * * * * * * * * * * * * * * * * * * * * * * * * * *
  function  [E, T, I] =deaBCC (X, Y)
  % 矩阵X (Y) 的行为决策单元，列为指标
  X=X';                        % 投入矩阵X [m, n]
  Y=Y';                        % 产出矩阵Y [s, n]
  n=size (X', 1);              % 决策单元个数
  m=size (X, 1);               % 输入指标个数
  s=size (Y, 1);               % 输出指标个数
  A= [-X'Y'-ones (n, 1)];
  b=zeros (n, 1);
  LB= [zeros (m+s, 1); []];
  UB= [];
  for i=1: n
  Aeq= [X (:, i) 'zeros (1, s+1)];
  beq=1;
  f= [zeros (1, m) -Y (:, i) '1];
  w (:, i) =linprog (f, A, b, Aeq, beq, LB, UB);
  E (1, i) =Y (:, i) '*w (m+1: m+s, i) -w (m+s+1: m+
s+1, i);
  end
  w
```

```
E
[T, I] =sort (E)

% * * * * * * * * * * * * * * * * * * * * * * * * * * * * * *
%    模型6：BCC模型的对偶模型Dε
%      min (λ, OS, IS, θ) θ-ε (∑OS+∑IS)
%      st      -y (i) +Yλ-OS=0,
%                              θx (i) -Xλ-IS=0,
%                              ∑λ=0
%                              λ≥0, OS≥0, IS≥0, θ≥0
%       w= (λ, IS, OS, θ)
% * * * * * * * * * * * * * * * * * * * * * * * * * * * * * * * *
* * * * * *
function [W, Q, T, I] =deaBCC1 (X, Y)
% 参数矩阵X（或Y）的行为决策单元，列为指标
X=X';                          % 投入矩阵X [m, n]
Y=Y';                          % 产出矩阵Y [s, n]
n=size (X', 1);                % 决策单元个数
m=size (X, 1);                 % 输入指标个数
s=size (Y, 1);                 % 输出指标个数
epsilon=10^-10;
f= [zeros (1, n) -epsilon*ones (1, m+s) 1];
A=zeros (1, n+m+s+1);
b=0;
LB=zeros (n+m+s+1, 1);
% LB (n+m+s+1) =-Inf;          % Inf为无穷大量+∞
UB= [];
```

```
for i =1: n
Aeq = [X eye (m) zeros (m, s) -X (:, i)
     Y zeros (s, m) -eye (s) zeros (s, 1)
     ones (1, n) zeros (1, m+s+1)];
beq = [zeros (m, 1); Y (:, i); 1];
w (:, i) =linprog (f, A, b, Aeq, beq, LB, UB);
end
w
lambda =w (1: n,:)                    % 输出λ
s_ minus =w (n+1: n+m,:) ′            % 输出s-(x的松弛值)
s_ plus =w (n+m+1: n+m+s,:) ′         % 输出s+(y的松弛值)
theta =w (n+m+s+1,:) ′                % 输出θ

% W =w′
% Q =E
% [T, I] =sort (E)


% * * * * * * * * * * * * * * * * * * * * * * * * * * * * * * * *
%    模型7:超效率DEA
%       Min (λ, θ) θ,
%       st    Σ (j, j≠j0) [X (i, j) λ (j)] ≤θX (i, j0),
%             Σ (j, j≠j0) [Y (r, j) λ (j)] ≥Y (r, j0)
%             λ (j) ≥0, j≠j0
%         r =1...s, j =1...n, i =1...m
% * * * * * * * * * * * * * * * * * * * * * * * * * * * * * * * *
function  [W, Q, T, I] =deaSE (X, Y)
```

```
% 矩阵X（Y）的行为决策单元，列为指标
X=X′;                    % 投入矩阵X [m, n]
Y=Y′;                    % 产出矩阵Y [s, n]
n=size (X′, 1);          % 决策单元个数
m=size (X, 1);           % 输入指标个数
s=size (Y, 1);           % 输出指标个数
b=zeros (n+1, 1);
LB=zeros (m+s, 1);
UB= [];
for i=1: n
Aeq= [X (:, i) ′zeros (1, s)];
beq=1;
f= [zeros (1, m) -Y (:, i) ′];
if i= =1
A= [ -X (:, 2: n) ′Y (:, 2: n) ′];
else if i= =n
        A= [ -X (:, 1: n-1) ′Y (:, 1: n-1) ′];
else
        A= [ [ -X (:, 1: i-1) -X (:, i+1: n)] ′[Y (:, 1:
        i-1) Y (:, i+1: n)] ′]
end
end
w (:, i) =linprog (f, A, b, Aeq, beq, LB, UB);
E (1, i) =Y (:, i) ′*w (m+1: m+s, i);
end
W=w′
Q=E
```

```
[T, I] =sort (E)

% * * * * * * * * * * * * * * * * * * * * * * * * * * * * * * *
%   模型8：超效率DEA的Dε模型
%       min (λ, OS, IS, θ) θ-ε (∑OS+∑IS)
%       st    ∑ (j, j≠j0) [X (i, j) λ (j)] +IS (i) =θX
(i, j0),
%             ∑ (j, j≠j0) [Y (r, j) λ (j)] -OS (r) =Y
(r, j0)
%             λ (j) ≥0, j≠j0
%         r=1...s, j=1...n, i=1...m
%       w= (λ, IS, OS, θ)
% * * * * * * * * * * * * * * * * * * * * * * * * * * * * * * * *
function  [W, Q, T, I] =deaSE (X, Y)
% 矩阵X (Y) 的行为决策单元，列为指标
X=X´;                     % 投入矩阵X [m, n]
Y=Y´;                     % 产出矩阵Y [s, n]
n=size (X´, 1);            % 决策单元个数
m=size (X, 1);            % 输入指标个数
s=size (Y, 1);            % 输出指标个数
epsilon=10^-10;
f= [zeros (1, n) -epsilon*ones (1, m+s) 1];
A=zeros (1, n+m+s+1);
b=0;
LB=zeros (n+m+s+1, 1); UB= [];
for i=1: n
Aeq= [ [X (:, 1: i-1) zeros (m, 1) X (:, i+1: n) eye (m)
```

```
zeros (m, s)  -X (:, i)];
    [Y (:, 1: i -1) zeros (s, 1) Y (:, i +1: n)] zeros (s, m)  -
eye (s) zeros (s, 1)];
    beq = [zeros (m, 1); Y (:, i)];
    w (:, i)  =linprog (f, A, b, Aeq, beq, LB, UB);
    end
    w                                   % 输出最佳权向量
    lambda =w (1: n,:);                 % 输出 λ
    s_ minus =w (n +1: n +m,:) ′;       % 输出 s - (x 的松弛值)
    s_ plus =w (n +m +1: n +m +s,:) ′;  % 输出 s + (y 的松弛值)
    theta =w (n +m +s +1,:) ′;          % 输出 θ


    % * * * * * * * * * * * * * * * * * * * * * * * * * * * * * * *
    %    模型 9: 交叉效率 DEA 模型
    % * * * * * * * * * * * * * * * * * * * * * * * * * * * * * * *
    function  [W, Q, T, I]  =deaXE (X, Y)
    % 矩阵 X (Y) 的行为决策单元, 列为指标
    X =X′;                              % 投入矩阵 X [m, n]
    Y =Y′;                              % 产出矩阵 Y [s, n]
    n =size (X′, 1);                    % 决策单元个数
    m =size (X, 1);                     % 输入指标个数
    s =size (Y, 1);                     % 输出指标个数
    A = [ -X′ Y′];
    b =zeros (n, 1);
    LB =zeros (m +s, 1);
    UB = [];
```

```
% 以下是第一轮线性规划，进行自我评价
for i =1: n
Aeq = [X (:, i) ′zeros (1, s)];
beq =1;
f = [zeros (1, m) -Y (:, i) ′];
w (:, i) =linprog (f, A, b, Aeq, beq, LB, UB);
% 解线性规划，得出 DMUi 的最佳权重向量 wi *
Eii =Y (:, i) ′* w (m+1: m+s, i);% 得到 DMUi 的自我评价值 Eii
% 以下是第二轮线性规划，进行交叉评价
for k =1: n
    f = [zeros (1, m) Y (:, k) ′];
    Aeq =[X (:, k) ′zeros (1, s)
         Eii * X (:, i) ′-Y (:, i) ′];
    beq = [1; 0];
    v =linprog (f, A, b, Aeq, beq, LB, UB);
    E (i, k) = (Y (:, k) ′* v (m+1: m+s)) /(X (:, k) ′* v
    (1: m));
% 得到交叉评价值 Eik
end
end
E   % 输出交叉评价矩阵 E
mean (E)   % 计算 E 的各列的平均值 et
[Y I] =sort (mean (E)); % 按 ei 的大小对诸决策单元从小到大进行
排列
fliplr (I)% 按 ei 的大小对诸决策单元从大到小进行排列
```

参考文献

[1] 魏权龄. 数据包络分析 [M]. 北京：科学出版社，2006.

[2] 陈铤. 决策分析 [M]. 北京：科学出版社，1987.

[3] 彭勇行. 管理决策分析 [M]. 北京：科学出版社，2000.

[4] 戴新民. 基于 DEA 的传播与文化产业上市公司效率评价 [J]. 安徽工业大学学报（社会科学版），2011 (11)：39 - 41.

[5] 邱煜. 基于三阶段 DEA 的文化类上市公司经营绩效评价研究 [J]. 成都理工大学学报（社会科学版），2013 (2)：93 - 100.

第 5 章　其他决策方法及应用

本章介绍了主成分分析法、层次分析法、平衡计分卡法、模糊综合评价法的基本原理，探讨了这三种方法在出版社评价中的应用。

5.1　主成分分析法

5.1.1　主成分分析法的基本原理[1,2]

主成分分析法（principal components analysis，PCA，有时也称主分量分析）是利用降低维数的思想将多指标转化为少数几个综合指标的一种方法。在实证问题研究中，为了全面、系统地分析问题，通常需要考虑众多影响因素。这些涉及的因素一般称为指标，在多元统计分析中也称为变量。因为每个变量都在不同程度上反映了所研究问题的某些信息，并且指标之间彼此有一定的相关性，因而所得的统计数据反映的信息在一定程度上有重叠。在决策分析中，变量太多不仅会增加计算量，而且会使问题的分析变得复杂，因此人们在进行定量分析时，总是希望涉及的变量较少，得到的信息量较多。主成分分析正是适应这一要求产生的，是解决这类题的理想工具。

主成分分析法是一种数学变换的方法，它把给定的一组相关变量通过线性变换转成另一组不相关的变量，这些新的变量按照方差依次递减的顺序排列。在数学变换中保持变量的总方差不变，使第一变量具有最大的方差，称为第一主成分，第二变量的方差次大，并且和第一变量不相关，称为第二主成分。依次类推，n 个变量就有 n 个主成分。

1. 主成分分析的基本原理

主成分分析是把原来多个变量转化为少数几个综合指标的一种分析方法，是一种降维处理技术。

记原来的变量指标为 X_1，X_2，…，X_n，它们的综合指标——新变量指标为 Z_1，Z_2，…，Z_m（$m \leqslant n$），则 Z_1，Z_2，…，Z_m 分别称为原变量指标 X_1，X_2，…，X_n的第 1，第 2，…，第 m 主成分，在实际问题的分析中，通常按照一定准则选择前几个最大的主成分。

记

$$X = (X_1, X_2, \cdots, X_n)^{\mathrm{T}}$$

$$Z = (Z_1, Z_2, \cdots, Z_m)^{\mathrm{T}}$$

$$L_j = (l_{1j}, l_{2j}, \cdots, l_{nj})^{\mathrm{T}} \quad j = 1, 2, \cdots, m$$

$$\begin{cases} Z_1 = L_1^{\mathrm{T}} \sum\limits_{i=1}^{n} l_{i1} X_i \\ Z_2 = L_2^{\mathrm{T}} \sum\limits_{i=1}^{n} l_{i2} X_i \\ \cdots \\ Z_m = L_m^{\mathrm{T}} \sum\limits_{i=1}^{n} l_{im} X_i \end{cases}$$

系数 l_{ij} 的确定原则

① z_i 与 z_j（$i \neq j$；i，$j=1$，2，…，n）相互无关；

② z_1 是 x_1，x_2，…，x_n 的一切线性组合中方差最大者，z_2 是与 z_1 不相关的 x_1，x_2，…，x_n 的所有线性组合中方差最大者；…；z_n 是与 z_1，z_2，…，z_{m-1} 都不相关的 x_1，x_2，…，x_n 的所有线性组合中方差最大者。

定理 1 设 $X=(X_1, X_2, \cdots, X_n)$ 为 n 维随机变量，$E(X)=0$，即 $E(X_i)=0$（$i=1$，2，…，n），

X 的协方差矩阵 $\mathrm{Cov}(X, X)$ 如下：

$$\mathrm{Cov}(X, X)=\begin{bmatrix} \mathrm{Cov}(X_1, X_1) & \mathrm{Cov}(X_1, X_2) & \cdots & \mathrm{Cov}(X_1, X_n) \\ \mathrm{Cov}(X_2, X_1) & \mathrm{Cov}(X_2, X_2) & \cdots & \mathrm{Cov}(X_2, X_n) \\ \cdots & \cdots & \cdots & \cdots \\ \mathrm{Cov}(X_n, X_1) & \mathrm{Cov}(X_n, X_2) & \cdots & \mathrm{Cov}(X_n, X_n) \end{bmatrix}$$

若 $\mathrm{Cov}(X, X)$ 的 n 个特征值为：

$$\lambda_1 \geqslant \lambda_2 \geqslant \cdots \geqslant \lambda_n \geqslant 0$$

则 X 的第 i 主成分 Z_i 的系数向量 L_i 的特征值 λ_i 所对应的单位特征向量，$i=1$，2，…，m。

从定理可知，X 的主成分的系数向量就是协方差矩阵的单位特征向量，并按照特征值从大到小依次排列。

2. 样本主成分

已知随机变量 $X=(X_1, X_2, \cdots, X_n)$ 的 m 个样本数据，用矩阵表示为：

$$\begin{bmatrix} x_{11} & x_{12} & \cdots & x_{1n} \\ x_{21} & x_{22} & \cdots & x_{2n} \\ \cdots & \cdots & \cdots & \cdots \\ x_{m1} & x_{m2} & \cdots & x_{mn} \end{bmatrix}$$

记

$$\bar{x}_i = \frac{1}{m}\sum_{k=1}^{m} x_{ki}$$

$$s_{ij} = \frac{1}{m-1}\sum_{k=1}^{m}(x_{ki}-\bar{x}_i)(x_{kj}-\bar{x}_j)$$

$$r_{ij} = \frac{s_{ij}}{\sqrt{s_{ii}}\sqrt{s_{jj}}} \quad (i, j=1, 2, \cdots, n)$$

$$R = \begin{bmatrix} r_{11} & r_{12} & \cdots & r_{1n} \\ r_{21} & r_{22} & \cdots & r_{2n} \\ \cdots & \cdots & \cdots & \cdots \\ r_{n1} & x_{n2} & \cdots & r_{nn} \end{bmatrix}$$

称 R 为样本相关矩阵。可以证明，R 是总体相关矩阵的无偏估计。

对于样本相关矩阵 R 同样可求得其特征值及特征向量

$$\lambda_1 \geqslant \lambda_2 \geqslant \cdots \geqslant \lambda_n \geqslant 0$$

$$L_1, L_2, \cdots, L_n$$

这样建立 n 个线性组合

$$Z_i = L_i^{\mathrm{T}} X \qquad i=1, 2, \cdots, n$$

$$Z = (Z_1, Z_2, \cdots, Z_m)^{\mathrm{T}}$$

称 Z 为样本主成分向量，Z_i 为第 i 主成分。

3. 主成分分析的计算步骤

（1）样本数据标准化

设样本数据为 $X=(x_{ij})_{m\times n}$，标准化数据为 $Y=(y_{ij})_{m\times n}$

$$X=\begin{bmatrix} x_{11} & x_{12} & \cdots & x_{1n} \\ x_{21} & x_{22} & \cdots & x_{2n} \\ \cdots & \cdots & \cdots & \cdots \\ x_{m1} & x_{m2} & \cdots & x_{mn} \end{bmatrix} \qquad Y=\begin{bmatrix} y_{11} & y_{12} & \cdots & y_{1n} \\ y_{21} & y_{22} & \cdots & y_{2n} \\ \cdots & \cdots & \cdots & \cdots \\ y_{m1} & y_{m2} & \cdots & y_{mn} \end{bmatrix}$$

标准化公式为：

$$y_{ij}=\frac{x_{ij}-\bar{x}_j}{s_j} \qquad i=1,\ 2,\ \cdots,\ m;\ j=1,\ 2,\ \cdots,\ n$$

$$\bar{x}_j=\frac{1}{m}\sum_{k=1}^{m}x_{kj}$$

$$s_j=\sqrt{\frac{1}{m-1}\sum_{k=1}^{m}(x_{kj}-\bar{x}_j)^2}$$

（2）计算相关系数矩阵

设样本数据为 $R=(r_{ij})_{n\times n}$，相关系数

$$r_{ij}=\frac{1}{m-1}\sum_{k=1}^{m}y_{ki}y_{kj}$$

（3）计算特征值与特征向量

解特征方程 $|R-\lambda I|=0$，利用雅可比法（Jacobi）求出 n 个特征值，并使其按大小顺序排列，即 $\lambda_1\geqslant\lambda_2\geqslant\cdots\geqslant\lambda_n\geqslant 0$。

求解线性方程 $(R-\lambda I)L=0$，分别求出每个特征值 λ_j（$j=1,\ 2,\ \cdots,\ n$）的特征向量 L_j

$$L_j=(l_{1j},\ l_{2j},\ \cdots l_{nj})^{\mathrm{T}}$$

(4) 计算主成分贡献率及累计贡献率

主成分 Z_i 的贡献率为：

$$b_i = \frac{\lambda_i}{\sum_{j=1}^{n} \lambda_j}$$

累计贡献率为：

$$\sum b_i = \frac{\sum_{i=1}^{K} \lambda_i}{\sum_{j=1}^{n} \lambda_j}$$

(5) 提取主成分

一般取累计贡献率达 85% ~ 95% 的特征值所对应的第 1，第 2，……，第 K ($K \leqslant n$) 个主成分。

$$Z_j = \sum_{t=1}^{n} l_{tj} Y_t$$

$$Z_j = (z_{1j}, z_{2j}, \cdots, z_{mj})^{\mathrm{T}}$$

$$Y_t = (z_{1t}, z_{2t}, \cdots, z_{mt})^{\mathrm{T}}$$

$$z_{ij} = \sum_{t=1}^{n} l_{tj} y_{it}$$

(6) 分析主成分的经济意义，用主成分进行综合评价

综合评价可根据具体情况选择第 1 主成分，也可以选择 K 的主成分的加权平均值，即综合评价值为：

$$Z = \sum_{j=1}^{K} b_j Z_j$$

5.1.2 主成分分析方法的应用

以下将利用主成分分析法对几个教育类出版社的职工人数结构与定价总额之间的关系情况进行分析，以期分析职工人数、高级技

术人员人数、中级职称人员人数和定价总额这些指标对出版社综合实力的影响。所有数据来源于2002年《中国出版年鉴》以及相关出版社网站主页。为保密起见，本研究中用出版社A，B，C，D和E来代表5个出版社的名称。数据详见表5－1。

表5－1　投入产出原始数据

	职工人数	高级技术人员	中级职称人员	定价总额（万元）
出版社A	108	38	37	12333
出版社B	165	32	30	26021
出版社C	154	30	46	21227
出版社D	41	25	7	13446
出版社E	30	14	12	5286

资料来源：定价总额源于2002年《中国出版年鉴》，职工人数、高级技术人员及中级人员人数源于相应出版社的网站主页公布的数据。

第一，对表5－1中数据进行归一化处理，处理结果详见表5－2。

归一化处理公式为：

$$y_{ij}=\frac{x_{ij}-\bar{x}_j}{s_j}$$

表5－2　归一化结果

归一化值			
0.1346	1.1319	0.6412	－0.4115
1.0477	0.4661	0.2178	1.2801
0.8715	0.2441	1.1856	0.6876
－0.9388	－0.3107	－1.1735	－0.2739
－1.1150	－1.5314	－0.8710	－1.2823

第二，利用表5－2中数据计算相关系数，计算得到的相关系数详见表5－3。

相关系数计算公式为：

$$r_{ij} = \frac{1}{m-1}\sum_{k=1}^{m} y_{ki}y_{kj}$$

表 5 -3　相关系数

相关系数			
1.0000	0.7132	0.8552	0.8930
0.7132	1.0000	0.7038	0.5869
0.8552	0.7038	1.0000	0.5671
0.8930	0.5869	0.5671	1.0000

第三，计算表 5 -3 对应相关系数的特征值及特征向量，结果详见表 5 -4。

表 5 -4　特征值及特征向量

特征值	特征向量
$\lambda_1 = 3.1702$	(0.5483, 0.4711, 0.4948, 0.4823)
$\lambda_2 = 0.4930$	(-0.2139, 0.5169, 0.4335, -0.7065)
$\lambda_3 = 0.3226$	(-0.2224, 0.7146, -0.6315, 0.2026)
$\lambda_4 = 0.0142$	(-0.7773, -0.0144, 0.4104, 0.4766)

第四，计算各主成分的贡献率。计算公式如下：

$$\sum b_i = \frac{\sum_{i=1}^{K} \lambda_i}{\sum_{j=1}^{n} \lambda_k}$$

计算结果详见表 5 -5。

表 5－5　各主成分贡献率

主成分	贡献率
Z_1	$b_1=0.7926$
Z_2	$b_2=0.1232$
Z_3	$b_3=0.0806$
Z_4	$b_4=0.0035$

第五，按照累计贡献率准则提取主成分。

$0.7926+0.1232>85\%$，即第 1 主成分和第 2 主成分的贡献率之和大于临界点，因此按照此原则提取两个主成分 Z_1 和 Z_2。

$$Z_1=0.5483Y_1+0.4711Y_2+0.4948Y_3+0.4823Y_4$$

$$Z_2=-0.2139Y_1+0.5169Y_2+0.4335Y_3-0.7065Y_4$$

第六，利用主成分进行综合评价。

综合评价公式为：

$$Z=b_1Z_1+b_2Z_2$$

计算结果详见表 5－6。

表 5－6　Z 值及排序

出版社	Z_1 值	Z_2 值	Z 值	排序
出版社 A	0.7259	1.1249	0.7139	3
出版社 B	1.5191	－0.7932	1.1063	2
出版社 C	1.5112	－0.0320	1.1937	1
出版社 D	－1.3739	－0.2750	－1.1228	4
出版社 E	－2.3823	－0.0247	－1.8911	5

在第 1 主成分 Z_1 中 Y_1 为 0.5483，大于 Y_2，Y_3 和 Y_4 的权重，因此在综合评价中分量最重。这些和当前现实比较吻合，目前出版

社在转制前为国有事业单位，出版社的实力极大程度上由职工人数决定，因此从表 5－6 排序来看，职工人数多的出版社排在前面。Y_2，Y_3 和 Y_4 的权重略低于 0.5，说明这些指标在综合评价中影响也较大。

在第 2 主成分 Z_2 中 Y_2 为 0.5169 最大，其次是 Y_3 的权重（0.4335），Y_1 和 Y_4 的权重较小，甚至为负数。Y_2 和 Y_3 分别对应高级技术人员人数和中级技术人员人数，因此可认为该指标反映了知识经济时代的核心竞争力，即随着出版社逐步转为企业，出版社之间的竞争更多表现为人才之间的竞争，尤其是高级人才之间的竞争，这是知识经济时代的竞争规律。这点也可解释为什么出版社 C 的职工人数尽管低于出版社 B，但由于其高级人数和中级人数相对较高，因此排名位于第一。

5.2　层次分析法

5.2.1　层次分析法的基本原理[1-3]

层次分析法 AHP 是 20 世纪 70 年代初期由美国著名运筹学家萨蒂首次提出来的。该方法是定量和定性相结合的多目标决策方法，能有效地分析目标准则体系层次间的非序列关系，有效地综合决策者的判断和比较。由于系统简洁、实用，在社会、经济、管理等领域得到广泛应用。

应用层次分析法 AHP 进行决策，首先必须对决策项目进行调查分析，将目标准则体系所包含的因素划分为不同层次，即构建递阶层次结构模型。构建递阶层次结构模型时应该突出重点，抓住关键因素，每一层次元素不宜太多。其次按照递阶层次结构模型，从上到下逐层构造判断矩阵。判断矩阵是根据特定的标度法则（如1～9标度法则等）进行两两比较后得到的相对值。然后，求解判断矩阵的最大特征值和对应的特征向量，经归一化处理，得到层次单排序权重向量，并进行一致性检验，对不合格的要进行修正，直到符合满意的一致性标准。最后进行层次总排序及其一致性检验。以下具体说明计算步骤。

（1）构建递阶层次结构模型。如图5－1是某公司决策者对利润分配方案进行调查分析得到的递阶层次结构模型。

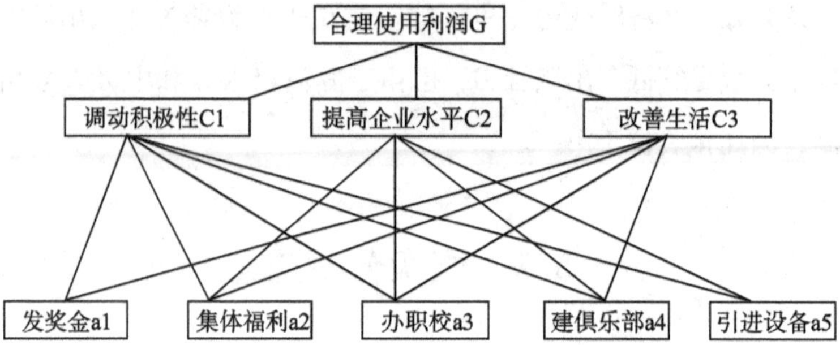

图5－1　企业利润分配决策的层次结构模型

（2）构造判断矩阵。假定经过两两比较后得到的判断矩阵如表5－7，表5－8，表5－9，表5－10所示。

表5－7　判断矩阵GC

G	C1	C2	C3
C1	1	1/5	1/3
C2	5	1	3
C3	3	1/3	1

表5－8　判断矩阵C1a

C1	a1	a2	a3	a4	a5
a1	1	2	3	4	7
a2	1/2	1	3	2	5
a3	1/3	1/3	1	1/2	2
a4	1/4	1/2	2	1	3
a5	1/7	1/5	1/2	1/3	1

表5－9　判断矩阵C2a

C2	a2	a3	a4	a5
a2	1	1/7	1/3	1/5
a3	7	1	5	3
a4	3	1/5	1	1/3
a5	5	1/3	3	1

表5－10　判断矩阵C3a

C3	a1	a2	a3	a4
a1	1	1	3	3
a2	1	1	3	3
a3	1/3	1/3	1	1
a4	1/3	1/3	1	1

（3）求解判断矩阵的最大特征值和对应的特征向量及一致性检验

假定某判断矩阵 $A=(a_{ij})_{m\times n}$，以下利用根法求解最大特征值和对应的特征向量。

① 计算 A 的每一行元素之积

$$M_i=\prod_{j=1}^{m}a_{ij}(i=1,2,\cdots,m)$$

② 计算 M_i 的 m 次方根

$$\alpha_i=\sqrt[m]{M_i}\ (i=1,2,\cdots,m)$$

③ 对向量 $\alpha=(\alpha_1, \alpha_2, \cdots, \alpha_m)$ 进行归一化处理，令

$$\omega_i = \alpha_i \Big/ \sum_{k=1}^{m} \alpha_k (i = 1,2,\cdots,m)$$

得到最大特征值和对应的特征向量 $W=(\omega_1, \omega_2, \cdots, \omega_m)^T$

④ 求 A 最大特征值 λ_{max}

由于 $AW=\lambda_{max}\omega$，则 $\lambda_{max}=(AW)_i/\omega_i$ $(i=1, 2, \cdots, m)$

一致性检验的指标为：

$$C.I=\frac{\lambda_{max}-m}{m-1}$$

$C.I$ 越大，偏离一致性越大。反之，偏离一致性越小。另外，判断矩阵的阶数 m 越大，判断的主观因素造成的偏差越大，偏离一致性也就越大；反之，偏离一致性越小。当 $m\leqslant 2$ 时，$C.I=0$，判断矩阵具有完全一致性。因此，必须引入平均随机一致性指标 $R.I$。其值随 m 变化如表 5－11。

表 5－11　阶数 *m* 与 *R.I* 的对照表

阶数 m	$R.I$	阶数 m	$R.I$	阶数 m	$R.I$
1	0	6	1.26	11	1.52
2	0	7	1.36	12	1.54
3	0.52	8	1.41	13	1.56
4	0.89	9	1.46	14	1.58
5	1.12	10	1.49	15	1.59

一致性指标 $C.I$ 与对应的 $R.I$ 的比值，称为一致性比率 $C.R$。这样可以用一致性比率 $C.R$ 检验判断矩阵的一致性。当 $C.R$ 越小，判断矩阵的一致性越好。一般认为，判断矩阵的一致性 $\leqslant 0.1$ 时，判断矩阵符合满意的一致性标准，层次单排序的结果是可以接受的。否则需要修正判断矩阵，直到检验通过。

（4）层次总排序及其一致性检验

设在递阶层次结构模型相邻的两层次中，层次A包含 m 个元素 A_i，层次A包含 n 个元素 B_i，上一层元素总排序权重分别为 ω_{A1}，ω_{A2}，…，ω_{Am}，下一层元素关于上一层元素 A_j 的层次单排序权重向量为 $(b_{1j}, b_{2j}, \cdots, b_{nj})^T$。层次B的总排序权重公式如下：

$$\omega_{Bi} = \sum_{j=1}^{m} \omega_{Aj} b_{ij}$$

层次总排序的一致性检验也是从上到下逐层进行的。设层次B关于层次A的元素 A_j 单排序检验一致性指标为 $C.I_{Baj}$，平均随机一致性指标 $R.I_{Baj}$，则层次总排序的一致性指标、平均随机一致性指标和一致性比率分别为：

$$C.I = \sum_{j=1}^{m} \omega_{Aj} C.I_{BAj}$$

$$R.I = \sum_{j=1}^{m} \omega_{Aj} R.I_{BAj}$$

$$C.R = C.I / R.I$$

5.2.2　层次分析法的应用

1. 教材出版质量评价的意义及作用

教材是体现教学内容与教学方法的知识载体，是从事教学活动的基本工具，也是深化教育教学改革，全面推进素质教育，实现教学内容、课程体系以及教学方法和教学手段现代化的重要保证。教材质量是教材的生命。《教育部关于印发〈关于“十五”期间普通高等教育教材建设与改革的意见〉的通知》中明确指出，“要开展高等教育教材评介、选优质量体系与实施办法的研究，建立科学适用的教材质量评价体系”。《图书质量管理规定》（1997）、《图书编辑工作基本规程》（1998）和《图书质量保障体系》（1997）等都明文规定，教材出版机构要成立图书质量评审委员会定期对单位新出版的图书的质量进行认真的审读、评议，根据评审结果，奖优罚劣。

教材出版质量的评价，不仅有助于继承和弘扬传统优秀教材的优点和特色，总结出版经验和教训，发现高水平的作者，防止低水平的重复浪费，使有限的出版资源得到更有效的利用，而且有助于出版人员开拓思维，增强创新意识、竞争意识，充分发挥积极性、主动性、创造性，全面提高教材出版质量，促进优秀教材的出版。

2. 教材出版质量评价指标

教材出版质量评价就是针对教材出版的特点，从选题、组稿、审稿、编辑加工、校对、装帧设计、印刷装订、发行等各个环节对教材出版质量进行严格评审，借助科学、合理的教材出版质量评价指标和方法，全面、系统地评价教材的出版质量。

因此，教材出版质量应该从选题及组稿质量、审稿及加工质量、校对质量、装帧设计质量、印刷装订质量、发行质量这 6 个指标进行综合评价。而这 6 个指标又分别可以从不同的角度进行测度，如选题及组稿质量可以从价值、作者水平、适用范围、风格特色、生命力和效益这 6 个方面进行测度。图 5－2 给出了教材出版质量评价指标体系。

3. AHP 方法在教材出版质量评价中的应用举例

以下具体说明应用 AHP 方法对三本教材（教材 A、教材 B 和教材 C）进行评价。具体步骤如下：

<table>
<tr><td colspan="22">教材出版质量X</td></tr>
<tr><td colspan="6">选题及组稿质量X_1</td><td colspan="3">审稿及加工质量X_2</td><td colspan="4">校对质量X_3</td><td colspan="4">装帧设计质量X_4</td><td colspan="2">印刷装订质量X_5</td><td colspan="3">发行质量X_6</td></tr>
<tr><td>价值X_{11}</td><td>作者水平X_{12}</td><td>适用范围X_{13}</td><td>风格特色X_{14}</td><td>生命力X_{15}</td><td>效益X_{16}</td><td>内容加工质量X_{21}</td><td>文字加工质量X_{22}</td><td>技术加工质量X_{23}</td><td>内容校对质量X_{31}</td><td>文字校对质量X_{32}</td><td>符号校对质量X_{33}</td><td>格式校对质量X_{34}</td><td>整体设计质量X_{41}</td><td>封面及扉页设计质量X_{42}</td><td>版式设计质量X_{43}</td><td>插图设计质量X_{44}</td><td>印刷质量X_{51}</td><td>装订质量X_{52}</td><td>销售质量X_{61}</td><td>回款质量X_{62}</td><td>服务质量X_{63}</td></tr>
</table>

图5－2　教材出版质量评价指标体系

（1）首先构造递阶层次结构模型

通过分析教材出版质量评价指标体系得到递阶层次结构模型，如图5－2所示。

（2）构造判断矩阵并进行一致性检验

以总指标X为准则，构造判断矩阵，如表5－12所示。

表5－12　判断矩阵xM

X	X_1	X_2	X_3	X_4	X_5	X_6
X_1	1	2	3	7	5	8
X_2	1/2	1	3	7	5	9
X_3	1/3	1/3	1	5	3	6
X_4	1/7	1/7	1/5	1	1/2	3
X_5	1/5	1/5	1/3	2	1	4
X_6	1/8	1/9	1/6	1/3	1/4	1

利用Matlab计算得到判断矩阵xM对应的最大特征值为6.282，特征向量为（0.380，0.308，0.162，0.047，0.076，0.027），对应的一致性检验参数$C.R=0.056<0.1$，一致性检验通过。

其他准则（如X_{11}等）下的判断矩阵以及相应的最大特征值、特征向量以及一致性指标值如表5－13所示。

表 5-13　不同准则下对应的计算结果

准则	判断矩阵	*C. I*	*R. I*	*C. I*	最大特征值	特征向量
X	[1, 2, 3, 7, 5, 8; 1/2, 1, 3, 7, 5, 9; 1/3, 1/3, 1, 5, 3, 6; 1/7, 1/7, 1/5, 1, 1/2, 3; 1/5, 1/5, 1/3, 2, 1, 4; 1/8, 1/9, 1/6, 1/3, 1/4, 1]	0.056	1.26	0.045	6.282	(0.380, 0.308, 0.162, 0.047, 0.076, 0.027)
X_1	[1, 2, 5, 3, 5, 4; 1/2, 1, 4, 3, 4, 3; 1/5, 1/4, 1, 1/3, 1, 1/2; 1/3, 1/3, 3, 1, 3, 2; 1/5, 1/4, 1, 1/3, 1, 1/2; 1/4, 1/3, 2, 1/2, 2, 1]	0.026	1.26	0.021	6.131	(0.377, 0.265, 0.058, 0.146, 0.058, 0.096)
X_2	[1, 6, 9; 1/6, 1, 3; 1/9, 1/3, 1]	0.027	0.52	0.052	3.054	(0.770, 0.162, 0.068)
X_3	[1, 2, 8, 7; 1/2, 1, 6, 8; 1/8, 1/6, 1, 1; 1/7, 1/8, 1, 1]	0.02	0.89	0.022	4.06	(0.524, 0.356, 0.061, 0.059)
X_4	[1, 1, 3, 9; 1, 1, 3, 9; 1/3, 1/3, 1, 9; 1/9, 1/9, 1/9, 1]	0.051	0.89	0.057	4.153	(0.396, 0.396, 0.174, 0.033)
X_5	[1, 4; 1/4, 1]	0	0	0	2	(0.800, 0.200)
X_6	[1, 3, 5; 1/3, 1, 4; 1/5, 1/4, 1]	0.043	0.52	0.082	3.086	(0.627, 0.280, 0.094)
X_{11}	[1, 1, 3; 1, 1, 2; 1/3, 1/2, 1]	0.009	0.52	0.018	3.018	(0.443, 0.387, 0.169)
X_{12}	[1, 1/2, 3; 2, 1, 4; 1/3, 1/4, 1]	0.009	0.52	0.018	3.018	(0.320, 0.558, 0.122)
X_{13}	[1, 1, 3; 1, 1, 2; 1/3, 1/2, 1]	0.009	0.52	0.018	3.018	(0.443, 0.387, 0.169)

续表

准则	判断矩阵	*C.I*	*R.I*	*C.I*	最大特征值	特征向量
X_{14}	[1，1/2，1/3；2，1，1/2；3，2，1]	0.005	0.52	0.009	3.009	(0.163，0.297，0.540)
X_{15}	[1，2，4；1/2，1，3；1/4，1/3，1]	0.009	0.52	0.018	3.018	(0.558，0.320，0.122)
X_{16}	[1，1，3；1，1，2；1/3，1/2，1]	0.009	0.52	0.018	3.018	(0.443，0.387，0.169)
X_{21}	[1，1/2，3；2，1，4；1/3，1/4，1]	0.009	0.52	0.018	3.018	(0.320，0.558，0.122)
X_{22}	[1，1，3；1，1，2；1/3，1/2，1]	0.009	0.52	0.018	3.018	(0.443，0.387，0.169)
X_{23}	[1，1/5，1/3；5，1，2；3，1/2，1]	0.002	0.52	0.004	3.004	(0.109，0.582，0.309)
X_{31}	[1，1/2，2；2，1，3；1/2，1/3，1]	0.005	0.52	0.009	3.009	(0.297，0.540，0.163)
X_{32}	[1，1/2，2；2，1，3；1/2，1/3，1]	0.005	0.52	0.009	3.009	(0.297，0.540，0.163)
X_{33}	[1，1/5，1/3；5，1，2；3，1/2，1]	0.002	0.52	0.004	3.004	(0.109，0.582，0.309)
X_{34}	[1，1，3；1，1，2；1/3，1/2，1]	0.009	0.52	0.018	3.018	(0.443，0.387，0.169)
X_{41}	[1，1/2，1；2，1，3；1，1/3，1]	0.009	0.52	0.018	3.018	(0.240，0.550，0.210)
X_{42}	[1，1/2，3；2，1，6；1/3，1/6，1]	0	0.52	0	3	(0.300，0.600，0.100)
X_{43}	[1，2，1/2；1/2，1，1/3；2，3，1]	0.005	0.52	0.009	3.009	(0.297，0.163，0.540)
X_{44}	[1，1/5，1/3；5，1，2；3，1/2，1]	0.002	0.52	0.004	3.004	(0.109，0.582，0.309)
X_{51}	[1，1，3；1，1，2；1/3，1/2，1]	0.009	0.52	0.018	3.018	(0.443，0.387，0.169)
X_{52}	[1，2，4；1/2，1，3；1/4，1/3，1]	0.009	0.52	0.018	3.018	(0.558，0.320，0.122)

续表

准则	判断矩阵	*C. I*	*R. I*	*C. I*	最大特征值	特征向量
X_{61}	[1，1，3；1，1，2；1/3，1/2，1]	0.009	0.52	0.018	3.018	(0.443，0.387，0.169)
X_{62}	[1，1/2，3；2，1，4；1/3，1/4，1]	0.009	0.52	0.018	3.018	(0.320，0.558，0.122)
X_{63}	[1，1，3；1，1，2；1/3，1/2，1]	0.009	0.52	0.018	3.018	(0.443，0.387，0.169)

注：(1) 表5-13中判断矩阵采用Matlab的表示方式，例如［1，1，3；1，1，2；1/3，1/2，1；］和下列矩阵对应：

$$\begin{bmatrix} 1 & 1 & 3 \\ 1 & 1 & 2 \\ 1/3 & 1/2 & 1 \end{bmatrix}$$

(2) 表5-13中除判断矩阵外的其他数据均是利用作者编写的matlab程序计算得到。

从表5-13可知，一致性检验均通过。

(3) 计算综合权重并进行评价

通过计算得到三本教材对总指标X的综合权重为（0.350，0.472，0.178），由此可知教材B的出版质量的综合评价最高，其次是教材A，最后才是教材C。表5-14给出了三本教材相对不同指标的综合权重。从表5-14可以看出教材B的出版质量的综合评价最高，但相对指标X_5而言，教材A的综合权重高于教材B的综合权重，即教材A的印刷质量更好一些。

表5-14　不同指标下的综合权重

总指标 X 对应的权重 =	(0.350, 0.472, 0.178)
指标 X_1 对应的权重 =	(0.377, 0.416, 0.208)
指标 X_2 对应的权重 =	(0.325, 0.532, 0.142)
指标 X_3 对应的权重 =	(0.294, 0.533, 0.173)
指标 X_4 对应的权重 =	(0.269, 0.504, 0.227)
指标 X_5 对应的权重 =	(0.466, 0.374, 0.160)
指标 X_6 对应的权重 =	(0.409, 0.435, 0.156)

4. 结论

出版教材质量的综合评价是一个比较复杂的问题，它牵涉6大指标体系和22个具体评价指标。本研究利用 AHP 方法来对不同教材进行评价。实际工作中，有关评价指标和权重可能会根据需要有所调整。值得注意的是，判断矩阵的构造带有主观性。为此，在确定判断矩阵或者权重因子时需要决策团队成员共同完成或聘请专家对其进行鉴定，如可以利用头脑风暴法、德尔菲法等，力求评价客观，以便得出比较科学的结论。

5.3　平衡记分卡法

5.3.1　传统财务评价的缺陷

长期以来，出版行业在统购包销的机制下运行，垄断优势明显，缺乏市场意识，因此它们多采用财务指标进行绩效评价。但是随着出版社机制的转换，出版社不得不面临日趋激烈的竞争。在这种背景下，传统的财务评价标准有很大缺陷，主要体现为：

（1）财务评价标准，如现金收入，属于一种“产出”性质，不能反映企业采用什么做法或途径来达到目标。

（2）企业运作的财务表现，往往受许多不可控制因素的影响。使用单一的财务业绩指标来评估企业员工的贡献，未必能产生真正的激励效果。

（3）财务评价指标所衡量的往往只代表战略绩效的某一部分结果。换句话说，战略所追求的某些重要效果，并未完全地、清楚地在财务指标中得到体现。

（4）财务评价指标往往会使人们只重视短期而具体的效果，而忽略甚至牺牲更重要的长期和整体效果。

5.3.2 平衡记分卡的基本思想[4]

鉴于过去企业绩效评价偏重于财务指标，妨碍了创造未来长远的经济价值与利益，1992 年阿勒大卫·诺顿和罗伯特·卡普兰在《哈佛商业评论》发表文章《平衡记分卡：企业绩效的驱动》，其中提出了新的绩效衡量观点：希望未来的企业组织除了注重短期目标，也能兼顾长期发展的必要；除了关注财务表现之外，必须同样重视财务方面的组织运作能力，包括产品创新、客户关系、内部流程、人员的学习与成长等。《哈佛商业评论》认为“平衡记分卡是75 年来最具影响的战略管理工具”。盖洛普公司（Gartner Group）的调查表明，在《财富》杂志公布的世界前 1000 位公司中有 70%的公司采用平衡记分卡系统。

平衡记分卡观念的提出，除了使企业在制定战略及衡量其绩效时，兼顾长期与短期、内部与外部、领先与落后指标外，更重要的是，它同时主张将企业的战略主题在四大执行层面（财务、客户、内部过程、学习和成长，如图5-3所示）上依序展开为具有因果关系的战略目标，并进一步发展各自对应的量度（measurement）及指标（target），以及实现该战略目标的必要行动方案。

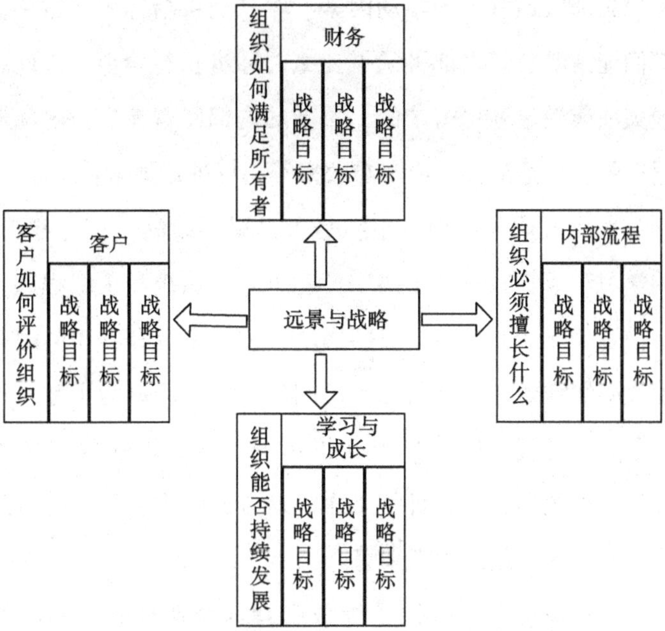

图5-3　平衡记分卡

（1）财务方面：如何满足所有者需求。财务指标是平衡记分卡中不可缺少的重要组成部分。财务指标和衡量方法起到双重作用：首先，确定战略的预期财务绩效；其次，作为所有其他方面的目标和衡量指标的最终鉴定。常用财务指标有销售额增长率、市场份额、资本回报率等。

（2）客户方面：客户如何评价组织。在当今竞争日趋激烈的环境下，客户是企业生存之本，企业的一切经营活动必须以客户为中心。企业为获得长期的财务绩效，必须解决目标市场定位和客户价值定位的问题。平衡记分卡中有关客户层面上的指标主要是客户满意度、客户忠诚度、客户回头率、客户获得率和客户盈利率等。

（3）内部经营流程方面：组织必须擅长什么。内部流程对组织而言是提高绩效最有力的驱动因素。客户衡量指标固然重要，但只有当它们能指明公司内部必须做什么时才有执行价值。因此，管理者必须关注能满足客户需求的、关键的内部经营流程。内部流程可以通过有效性、适应性、成本与效率等指标进行衡量。

（4）学习和成长方面：组织是否具有持续的发展力和创造力。组织的学习和成长有三个主要来源：人才、系统和组织程序。平衡记分卡前三个方面的目标一般会揭示人才、系统和程序的现有能力和实现突破性绩效所必需的能力之间的巨大差距。为了弥补这些差距，企业必须投资，以使员工获得新的技能，加强信息技术及系统，并理顺组织的程序和日常工作。这方面的主要指标有员工满意度、员工保持率、员工生产率等。

总之，平衡记分卡强调了绩效管理与企业战略之间的紧密关系，提出了一套具体的指标框架体系，揭示了学习与成长解决企业长期生命力的问题是提高企业内部战略管理的素质与能力的基础；企业通过管理能力的提高为客户提供更大的价值；客户的满意导致企业良好的财务效益。

5.3.3 平衡记分卡在出版行业绩效评价中的应用

1. 出版行业应用平衡记分卡进行绩效评价的意义

随着出版社逐步由事业单位向企业单位的转型，出版社之间的竞争日趋激烈。在这种背景下，使用传统的财务指标对出版行业绩效进行评价已经不合时宜。平衡记分卡可以兼顾财务和非财务指标，促进战略设计与企业运营之间的并驾齐驱，促进出版社业务流程的再造，整合局部战略，提高组织的整体绩效水平。表5-15给出了一个简化的出版行业绩效评价的平衡记分卡。

表5-15　一个简化的出版行业绩效评价的平衡记分卡

维度	战略目标	主要绩效衡量指标
财务	股东价值最大化	经济增加值、净资本收益率、净资产收益率、成本收入比等
客户	客户差别化价值定位	市场占有率、客户忠诚度、客户获得率、客户满足度、客户获利率等
内部流程	流程优化	产品开发周期、产品开发成本、单位服务时间、单位服务成本、服务差错率、客户投诉量等
学习与成长	员工价值最大化	员工满意度、员工发展度、员工稳定度、员工创新力、员工生产力等

2. 设计和推广平衡记分卡的流程

设计和推广平衡记分卡通常包括以下六个步骤：

（1）为平衡记分卡计划确定目标和选择设计人员。在开始制定平衡记分卡时，出版社高层应明确平衡记分卡的主要意图，并在认识上取得一致，然后确定一个能够担当“规划师”重任的人选，负责把有关战略转化为明确的、可测量的目标，培养团队精神和解决人际关系冲突等。

（2）选择适当的业务部门。经过同高层管理者协商之后，规划师必须确定出适宜于实行最高级别的平衡记分卡的业务部门。最初的平衡记分卡过程最好从一个具有战略意义的业务部门（如一个出版某类专业书籍的事业部）开始，这个业务部门的活动最好贯穿出版社的整个工作流程——创新、经营、营销、销售和服务。同时，这个业务部门应有自己的产品和客户、销售和流通渠道及生产设施。此外，该部门应容易制订全面业绩评估手段，且不涉及同企业其他部门的开支和产品与劳务转让价格问题。确定该部门同其他业务部门的关系，使该部门面临的机遇和受到的限制明朗化。

（3）就所选择的业务部门的战略目标达成共识。规划师通过对部门的全面了解，帮助部门管理人员理解企业的战略目标，并了解他们对平衡记分卡的评估手段的建议，解答他们提出的问题。在充分交流的基础上，确定企业的战略目标。确定战略目标是一个重复的过程，通常需要经过多轮反复的讨论才能最终确定。

（4）选择和设计评估手段。主要包括：对于每个目标设计能够最佳实现和传达这种目标意图的评估手段；对每一种评估手段，找到必要的信息源和为获得这种信息而采取必要的行动；对于目标之间的相互影响以及与其他评价体系的影响进行评估。

（5）制订实施计划。以实施平衡记分卡目标部门的下属部门为单位，成立实施小组。各实施小组确定平衡记分卡的目标，并制订实施计划。该计划包括如何把评估手段同数据库和信息体联系起来，负责在企业内部传播平衡记分卡，并帮助下级下放权利的部门制订实施计划，直至完全建立一个全新的执行信息制度。

（6）通过最终的实施计划并定期考察。平衡记分卡要发生作用，就必须完善企业的日常管理制度。一些公司的实践表明，企业应在 60 天内实行平衡记分卡。企业最好制订一个阶段实施计划，并在运行过程中充分运用企业现有基础来加速平衡记分卡的推广。同时，应该定期向企业管理者提供有关平衡记分卡测量指标的信息，以便考察。

3. 如何进行综合评价

层次分析法AHP是20世纪70年代初期由美国著名运筹学家萨蒂首次提出来的。该方法是定量和定性相结合的多目标决策方法，能有效地分析目标准则体系层次间的非序列关系，有效地综合决策者的判断和比较。由于系统简洁、实用，在社会、经济、管理等领域得到广泛应用。

应用AHP进行综合评价时首先要根据评价问题构造一个层次递阶图。图5－4给出了一个简化的绩效评价层次递阶图。

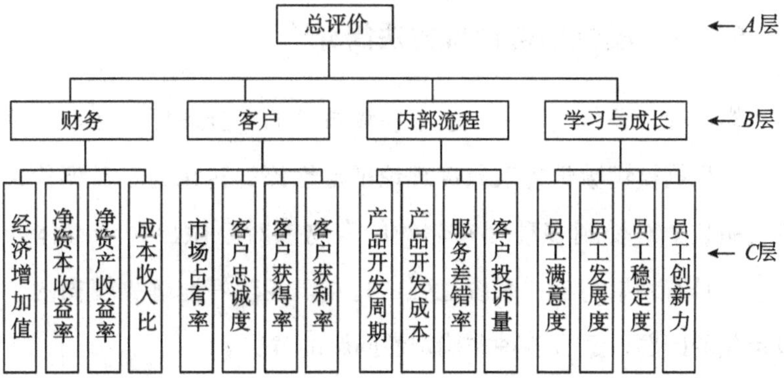

图5－4　绩效评价层次递阶图

其次，必须计算出下层相对于上层的权重。

利用AHP方法的原理求出C层相对于B层的权重，即以B层某一指标B_i为目标，求出C层指标C_j相对于该目标的权重ω_{ij}^B。

记$\omega_i^B=(\omega_{i1}^B,\ \omega_{i2}^B,\ \cdots,\ \omega_{im}^B)$，$i=1,\ 2,\ \cdots,\ n$。这里$n$为$B$层指标数，$m$为$C$层指标数，$\omega_i^B$是一个向量。

同样，求出B层相对于A层的权重，即求出B层指标B_i相对于总目标的权重ω_i^A。记$\omega^A=(\omega_1^A,\ \omega_2^A,\ \cdots,\ \omega_n^A)$，则综合评价值为：

$$\omega = (\omega_1^B, \omega_2^B, \cdots, \omega_n^B)\ \omega^A$$

5.3.4 结论

平衡记分卡可以兼顾财务和非财务指标，促进战略设计与企业运营之间的并驾齐驱，促进出版社业务流程的再造，整合局部战略，提高组织的整体绩效水平。

5.4 模糊综合评价法

5.4.1 模糊综合评价方法简介[2,5]

模糊综合评价法是一种基于模糊数学的综合评标方法。该综合评价法根据模糊数学的隶属度理论把定性评价转化为定量评价，即用模糊数学对受到多种因素制约的事物或对象做出一个总体的评价。它具有结果清晰、系统性强的特点，能较好地解决模糊的、难以量化的问题，适合各种非确定性问题的解决。

模糊综合评价方法评价步骤：

1. 确定评价对象的因素论域

m 个评价指标 $U = \{u_1, u_2, \cdots, u_m\}$

2. 确定评语等级论域

n 个评价等级 $V = \{v_1, v_2, \cdots, v_n\}$

n 为评语的个数，一般划分为 3 ~ 5 个等级。V 为等级集合，每一个等级可对应一个模糊子集。

3. 建立模糊关系矩阵

在构造了等级模糊子集后，要逐个对被评事物从每个因素 u_i（$i=1, 2, \cdots, m$）上进行量化，即确定从单因素来看被评事物对等级模糊子集的隶属度（$R \mid u_i$），进而得到模糊关系矩阵：

$$R=\begin{bmatrix} R \mid u_1 \\ R \mid u_2 \\ \vdots \\ R \mid u_m \end{bmatrix}=\begin{bmatrix} r_{11} & r_{12} & \cdots & r_{1n} \\ r_{21} & r_{22} & \cdots & r_{2n} \\ \vdots & \vdots & \vdots & \vdots \\ r_{m1} & r_{m2} & \cdots & r_{mn} \end{bmatrix}$$

r_{ij}表示因素 u_i 被评为 v_j 的隶属度（$i=1, 2, \cdots, m, j=1, 2, \cdots, n$）。$\sum r_{ij}=1$。

4. 确定评价因素的权向量

在模糊综合评价中，确定评价因素的权向量 $A=(a_1, a_2, \cdots, a_m)$。权向量 A 中的元素 a_i 本质上是因素 u_i 对模糊子集｛对被评事物重要的因素｝的隶属度。

求权重是综合评价的关键。权重 A 的确定方法很多，在实际运用中常用的方法有层次分析法、Delphi 法、专家调查法、加权平均法。

层次分析法是一种行之有效的确定权系数的有效方法。特别适宜于那些难以用定量指标进行分析的复杂问题。它把复杂问题中的各因素划分为互相联系的有序层使之条理化，根据对客观实际的模糊判断，就每一层次的相对重要性给出定量的表示，再利用数学方法确定全部元素相对重要性次序的权系数。确定权系数后，在合成之前归一化。

5. 合成模糊综合评价结果向量

利用合适的算子将 A 与各被评事物的 B 进行合成，得到各被评事物的模糊综合评价结果向量 B，即

$$B = (b_1, b_2, \cdots, b_m) = A^0 R$$

$$= (a_1, a_2, \cdots, a_m)^0 \begin{bmatrix} r_{11} & r_{12} & \cdots & r_{1n} \\ r_{21} & r_{22} & \cdots & r_{2n} \\ \vdots & \vdots & \vdots & \vdots \\ r_{m1} & r_{m2} & \cdots & r_{mn} \end{bmatrix}$$

6. 对模糊综合评价结果向量进行分析

实际中最常用的方法是最大隶属度原则，但在某些情况下使用会有些勉强，损失信息很多，甚至得出不合理的评价结果。提出使用加权平均求隶属等级的方法，对于多个被评事物并可以依据其等级位置进行排序。

5.4.2 在出版业逆向物流绩效评价中的应用

1. 出版业逆向物流绩效评价的意义

自 20 世纪 90 年代始，随着自然资源获取的困难以及人们环境保护意识的加强，很多国家的政府制定了严格的废弃物回收处理法规条例，逆向物流也逐渐成为一种企业战略，受到企业管理层的高度重视。目前越来越多的国际知名企业，如通用汽车、IBM、HP、3M 等，纷纷通过一系列控制措施，制定逆向物流实施方案，希望

借此降低由退货造成的资源损失；并通过对废弃物资的回收、重用，达到节约原料、降低成本的目的。企业实施逆向物流管理，不仅仅是出于环境保护法律法规的压力，更重要的在于，实施逆向物流管理还是一项能显示企业竞争优势的战略武器。

近20年来，世界出版业发展突飞猛进的同时，图书退货率却居高不下，不仅影响着出版单位的利润，甚至威胁着出版单位的生存。据统计，世界各出版大国的平均退货率均比较高。在中国，教辅类、科技类、经管类、文艺类图书的退货率尤其高，其中，教辅书退货率高达30%。前些年书店高校教材的退货率很低，但近两年高校教材的退货比率上升较快，退货率接近10%。调查表明，大部分出版社2009年的退货率较2008年上升了3～10个百分点。部分出版社近两年退货率没有上升，甚至有所下降，但因成本上升、折扣降低、印量减少、市场竞争激烈等诸多因素，出版社的利润空间在变小。业界人士指出，5年前出版社可以承受20%的退货率，现在15%的退货率就没有什么利润可言了，原来业界常说的30%是警戒线、40%是危险线、50%是生命线如今早已不再适用。

据英国出版商协会的《2005年统计年鉴》最新数据显示，2004年，英国图书退货率再创新高，超过11%。根据该统计，2005年英国图书零售商返给出版商的退货比率为12.6%，而2004年的退货率是11.3%。退货价值占到出版商销售总额的15.7%。2005年出版商在英国境内的图书销售总额为17.7亿英镑，比上年增长了1%。图书销售册数为4.95亿册，比上年下降了1.9%。

在这样一个背景下，出版业如何构建一个高效的逆向物流网络变得非常必要。优化的出版业逆向物流网络能够降低成本，提高服务和管理水平，使其能在激烈的市场中拥有更强大的竞争力。换句话说，出版业逆向网络系统绩效可从经济效益、服务水平和管理水平三个方面进行衡量。然而，要精确给出经济效益、服务水平和管理水平这三个方面的绩效结果是比较困难的。本研究探讨如何利用模糊综合评价方法来评估出版业逆向网络系统绩效。

2. 应用举例

由于出版业逆向物流系统绩效主要从经济效益、服务水平和管理水平这三方面进行评判，因此，可从这三方面来构建出版业逆向物流系统综合评价指标体系。如表 5－16 所示。

表 5－16　出版业逆向物流系统综合评价指标体系

目标层	第一层	第二层
图书业逆向物流系统综合评价指标体系	经济效益指标（u_1）	逆向物流活动成本（u_{11}）
		逆向物流管理成本（u_{12}）
		逆向物流产生的营业收入（u_{13}）
		逆向物流活动运营效率（u_{14}）
		退回图书的再利用率（u_{15}）
	客户服务指标（u_2）	进货充足率（u_{21}）
		客户的满意率（u_{22}）
		服务的准确率（u_{23}）
		服务的及时率（u_{24}）
	管理水平指标（u_3）	设施管理水平（u_{31}）
		信息管理水平（u_{32}）
		人员管理水平（u_{33}）

以下举例具体说明。

（1）确定评价对象的因素论域

因素集 U 分为两层：

第一层为 $U=\{u_1, u_2, u_3\}$；

第二层为 $u_1=\{u_{11},u_{12},u_{13},u_{14},u_{15}\}$；$u_2=\{u_{21},u_{22},u_{23},u_{24}\}$；$u_3=\{u_{31},u_{32},u_{33}\}$。

（2）确定评语等级论域

评价等级 $V=\{$好，较好，一般，差$\}$，各因素相应的模糊评价结果如表 5－17 所示。

表 5－17　对各因素的模糊评判

因素	好	较好	一般	差
逆向物流活动成本（u_{11}）	0.1	0.4	0.2	0.3
逆向物流管理成本（u_{12}）	0.3	0.15	0.3	0.25
逆向物流产生的营业收入（u_{13}）	0.2	0.15	0.4	0.2
逆向物流活动运营效率（u_{14}）	0.1	0.3	0.3	0.3
退回图书的再利用率（u_{15}）	0.1	0.4	0.2	0.2
进货充足率（u_{21}）	0.2	0.4	0.2	0.2
客户的满意率（u_{22}）	0.1	0.4	0.2	0.3
服务的准确率（u_{23}）	0.25	0.35	0.2	0.2
服务的及时率（u_{24}）	0.2	0.3	0.3	0.2
设施管理水平（u_{31}）	0.2	0.3	0.3	0.2
信息管理水平（u_{32}）	0.2	0.3	0.4	0.1
人员管理水平（u_{33}）	0.3	0.4	0.3	0.2

（3）建立模糊关系矩阵

基于表 5－17，可以得到相应的模糊关系矩阵，如下：

1 =

0.1	0.4	0.2	0.3
0.3	0.15	0.3	0.25
0.2	0.15	0.4	0.2
0.1	0.3	0.3	0.3
0.1	0.4	0.2	0.2

2 =	0. 2	0. 4	0. 2	0. 2
	0. 1	0. 4	0. 2	0. 3
	0. 25	0. 35	0. 2	0. 2
	0. 2	0. 3	0. 3	0. 2

3 =	0. 2	0. 3	0. 3	0. 2
	0. 2	0. 3	0. 4	0. 1
	0. 3	0. 4	0. 3	0. 2

（4）确定权重

这里采用 AHP 方法确定权重。专家对各因素两两比较的结果如表 5－18、表 5－19、表 5－20 和表 5－21。

表 5－18　一级指标判断矩阵

AU	u_1	u_2	u_3
u_1	1. 000	3. 000	5. 000
u_2	0. 333	1. 000	4. 000
u_3	0. 200	0. 250	1. 000

表 5－19　经济效益二级指标判断矩阵

AU1	u_{11}	u_{12}	u_{13}	u_{14}	u_{15}
u_{11}	1. 000	2. 000	5. 000	1. 000	2. 000
u_{12}	0. 500	1. 000	2. 000	0. 500	2. 000
u_{13}	0. 200	0. 500	1. 000	0. 200	0. 500
u_{14}	2. 000	1. 000	5. 000	1. 000	2. 000
u_{15}	0. 500	2. 000	2. 000	0. 200	1. 000

表 5－20　客户服务二级指标判断矩阵

AU2	u_{21}	u_{22}	u_{23}	u_{24}
u_{21}	1. 000	2. 000	8. 000	7. 000
u_{22}	0. 500	1. 000	6. 000	8. 000
u_{23}	0. 125	0. 167	1. 000	1. 000
u_{24}	0. 143	0. 125	1. 000	1. 000

表5-21　管理水平二级指标判断矩阵

AU3	u_{31}	u_{32}	u_{33}
u_{31}	1.000	1.000	3.000
u_{32}	1.000	1.000	2.000
u_{33}	0.333	0.500	1.000

基于表5-18、表5-19、表5-20和表5-21，利用matlab程序计算得到相应的*C.I*值、*R.I*值、*C.R*值、特征值*EV*、特征向量*W*，结果如表5-22所示。

表5-22　计算结果

矩阵	*C.I*值	*R.I*值	*C.R*值	特征值*EV*	特征向量*W*
AU	0.043	0.520	0.082	3.086	(0.627, 0.280, 0.094)
*AU*1	0.098	1.120	0.088	5.393	(0.310, 0.170, 0.068, 0.310)
*AU*2	0.020	0.890	0.022	4.060	(0.524, 0.356, 0.061, 0.059)
*AU*3	0.009	0.520	0.018	3.018	(0.443, 0.387, 0.169)

从表5-22可以看出，所有*C.R*值均小于0.10，一致性检验通过。因此，各因素的权重为：

$$A=(0.627,\ 0.280,\ 0.094)$$

$$A1=(0.310,\ 0.170,\ 0.068,\ 0.310)$$

$$A2=(0.524,\ 0.356,\ 0.061,\ 0.059)$$

$$A3=(0.443,\ 0.387,\ 0.169)$$

（5）分层综合评判

$u_1=\{u_{11},\ u_{12},\ u_{13},\ u_{14},\ u_{15}\}$，$A1=(0.310,\ 0.170,\ 0.068,\ 0.310)$

1 =

0.1	0.4	0.2	0.3
0.3	0.15	0.3	0.25
0.2	0.15	0.4	0.2
0.1	0.3	0.3	0.3
0.1	0.4	0.2	0.2

利用模型 M（·，+）计算得到：

$$B1 = A1 * R1 = (0.141, 0.309, 0.262, 0.271)$$

类似计算得到：

$$B2 = A2 * R2 = (0.167, 0.391, 0.206, 0.236)$$

$$B3 = A3 * R3 = (0.217, 0.317, 0.339, 0.161)$$

（6）高层综合评判

第一层为 $U = \{u_1, u_2, u_3\}$，$A = (0.627, 0.280, 0.094)$，$R = [B1; B2; B3]$

$$B = A * R = (0.155, 0.333, 0.253, 0.251)$$

根据最大隶属度原则，该逆向物流系统总体评价结果为“较好”。

3. 结论

出版业逆向物流绩效的综合评价是一个比较复杂的问题，它牵涉经济效益、服务水平和管理水平等3大指标体系和12个具体评价指标。由于这些指标的评价结果具有不确定性，且指标所占权重也是待定的，因此，使用模糊综合评价方法对出版业逆向物流绩效的综合评价是非常必要的。

参考文献

[1] 彭勇行. 管理决策分析 [M]. 北京：科学出版社，2000.

[2] 杜栋. 现代综合评价方法与案例精选［M］. 北京：清华大学出版社，2009.

[3] 陈铤. 决策分析［M］. 北京：科学出版社，1987.

[4] 保利嘉顾问. 战略执行——平衡记分卡的设计和实践［M］. 北京：中国社会科学出版社，2003.

[5] 谢季平. 模糊数学方法及其应用［M］. 武汉：华中科技大学出版社，2009.